関本正樹［著］
Sekimoto Masaki

対話で読み解く

サステナビリティ・ESGの法務

Read through dialogue Sustainability / ESG Legal

中央経済社

はしがき

　本書は法務がサステナビリティ・ESGとどう関係するかについて対話形式で解説したものです。

　サステナビリティ・ESGは，いわゆるソフトローによってルール・規範が形成され，また，グローバルの資本市場で投資を行っている機関投資家が，世界標準のソフトローの策定を主導しているという特徴があります。

　ソフトローがハードローとともに企業の遵守すべきルール・規範として機能するようになったことで，ハードローを中心に取り扱ってきた法務に求められるものが変容していることに違和感をおぼえる法務担当者の方々も少なくないかもしれません。

　もっとも，ルール・規範の趣旨・背景を踏まえて法的な観点から検討し，企業活動に役立てていくという法務の基本はハードローとソフトローで変わりはありません。

　そこで，本書では，サステナビリティ・ESGについてのソフトローがどのような趣旨・背景に基づいて形成されてきたのかに遡りつつ，コーポレート・ガバナンス，サプライチェーン，サステナブルファイナンス，独占禁止法，M&Aといったトピックをもとに，具体例や関連する条文も交えながら，サステナビリティ・ESGと法務のつながりを検討しています。

　本書が法務の観点からサステナビリティ・ESGの取組みに寄与し，そして，その目的である企業の持続的な成長と中長期的な企業価値の向上に少しでも役立つものとなれば幸いです。

　本書の刊行にあたっては，中央経済社の西川由紀氏に多大なるご尽力をいただきました。本書の企画にご理解いただき，構成や編集にさまざまなご助言をいただいたことにこの場を借りて厚く御礼を申し上げます。

2022年3月

関本正樹

CONTENTS

第2章 | サステナビリティ・ESGと コーポレート・ガバナンス

第3章 ｜ サステナブル ファイナンス

第4章 | サステナビリティ・ESGと独占禁止法

第 *1* 章

サステナビリティ・ESG法務の全体像

三浦さん（以下，三浦）

　T株式会社の法務部員。そろそろ配属されて5年になる中堅法務部員で，最近はサステナビリティ・ESGについて理解を深めるべく，勉強中。

　気になることはすぐに解決したく，ＭＳ弁護士にどんどん質問を投げかけている。

ＭＳ弁護士（以下，弁護士）

　T株式会社の顧問弁護士。某証券取引所に出向経験があり，サステナビリティ・ESGについての理解も深い。三浦さんの鋭い質問にドキッとすることもあるが，ポーカーフェイスを貫いている。

① サステナビリティとは何か

┃ コーポレートガバナンス・コード

三 浦　2021年6月に改訂されたコーポレートガバナンス・コードでサステナビリティをめぐる課題への取組みが重要とされたことを踏まえ，わが社でもサステナビリティに向けた課題への対応や開示を進めています。近時，ESGやSDGs，サステナビリティといったトピックを新聞などで見かけない日はないといってよいような状況ですが，そもそもなぜここまでサステナビリティが重要なテーマとなってきているのでしょうか。

弁護士　改訂コーポレートガバナンス・コードでは，「上場会社は，経営戦略の開示に当たって，自社のサステナビリティについての取組みを適切に開示すべきである」（補充原則3－1③）とされるなど，サステナビリティ，つまり，ESG要素を含む中長期的な持続可能性が重要な経営課題になってきていますね。

【コーポレートガバナンス・コード基本原則2　考え方】
　……「持続可能な開発目標」（SDGs）が国連サミットで採択され，気候関連財務情報開示タスクフォース（TCFD）への賛同機関数が増加するなど，中長期的な企業価値の向上に向け，サステナビリティ（ESG要素を含む中長期的な持続可能性）が重要な経営課題であるとの意識が高まっている。こうした中，我が国企業においては，サステナビリティ課題への積極的・能動的な対応を一層進めていくことが重要である。……

【コーポレートガバナンス・コード補充原則2－3①】
　取締役会は，気候変動などの地球環境問題への配慮，人権の尊重，従業員の健康・労働環境への配慮や公正・適切な処遇，取引先との公正・適正な取引，自然災害等への危機管理など，サステナビリティを巡る課題への対応は，リスクの減少のみならず収益機会にもつながる重要な経営課題であると認識し，中長期的な

企業価値の向上の観点から，これらの課題に積極的・能動的に取り組むよう検討を深めるべきである。

【コーポレートガバナンス・コード補充原則3－1③】

　上場会社は，経営戦略の開示に当たって，自社のサステナビリティについての取組みを適切に開示すべきである。また，人的資本や知的財産への投資等についても，自社の経営戦略・経営課題との整合性を意識しつつ分かりやすく具体的に情報を開示・提供すべきである。

　特に，プライム市場上場会社は，気候変動に係るリスク及び収益機会が自社の事業活動や収益等に与える影響について，必要なデータの収集と分析を行い，国際的に確立された開示の枠組みであるTCFDまたはそれと同等の枠組みに基づく開示の質と量の充実を進めるべきである。

【コーポレートガバナンス・コード補充原則4－2②】

　取締役会は，中長期的な企業価値の向上の観点から，自社のサステナビリティを巡る取組みについて基本的な方針を策定すべきである。

　また，人的資本・知的財産への投資等の重要性に鑑み，これらをはじめとする経営資源の配分や，事業ポートフォリオに関する戦略の実行が，企業の持続的な成長に資するよう，実効的に監督を行うべきである。

機関投資家とESG

弁護士　貴社は上場会社ですので多くの株主が存在しているわけですが，大株主はどのような株主構成となっていますか。

三浦　信託銀行や金融機関がずらりと並んでいます。

弁護士　機関投資家が大株主となっていますね。多くの上場会社でもそのような株主構成になっています。そうした大株主である機関投資家にとって困ることは何でしょうか。

三浦　投資先の上場会社の企業価値や株価が下がってしまうことでしょうか。

弁護士　機関投資家は，エンゲージメントなどを通じて，投資先の上場会社の企業価値向上や持続的成長を促すことにより，自らの顧客・受益者の

中長期的な投資リターンの拡大を図る責任，つまり，スチュワードシップ責任を負っています。

　このため，投資先の上場会社の企業価値が向上し，リターンを得るためには，ESG関連リスクの顕在化を未然に防止し，上場会社が持続的に成長していくこと，すなわち，サステナブルであることが重要になります。

　企業のESG関連リスクが顕在化した場合，制裁金・損害賠償金の支払いのみならず，売上げの下落，取引先との取引停止，公共調達からの排除，投資対象からの排除などのさまざまな制裁を受け，企業価値の毀損につながるリスクもありますので，機関投資家は，投資先企業のESG関連リスクに着目し，その適切な管理を求めているというわけです。

三 浦　機関投資家といってもさまざまですが，どのような機関投資家がESG投資を主導しているのでしょうか。

弁護士　ESG投資の動きをリードしているのは，年金基金といったアセットオーナーやその資産運用を受託している運用機関です。

　年金基金といったアセットオーナーは，資産規模が大きく，グローバルの資本市場に幅広く分散して投資する「ユニバーサル・オーナー」ですので，長期にわたって収益を得ていくためには，資本市場全体が持続的・安定的に成長していくことが欠かせません。

　また，ポートフォリオが資本市場全体に及んでいるため，特定の企業群だけからリターンを得られればよいわけではなく，企業活動から生じる環境や社会に対する負の影響から逃れられないため，ESG要素に配慮して投資を行う必要があるというわけです。

三 浦　そのほかの機関投資家についてはどうでしょうか。

弁護士　パッシブ運用を行っている運用機関は，投資を行う地域が限定される場合はありますが，TOPIXといったベンチマークに連動する運用成果を目指し，長期にわたって幅広く分散して投資を行うため，ユニバーサル・オーナーである年金基金などのアセットオーナーと同じような立

ち位置にあるといえます。

三　浦　機関投資家は私たちにどう関係しているのでしょうか。

弁護士　機関投資家というと，私たち個々人には関係ないのではないかと思われるかもしれませんが，運用機関に資産運用を委託しているアセットオーナーは年金積立金管理運用独立行政法人（GPIF）であり，GPIFにお金を預けているのは私たちですので，機関投資家がどのように動いているのかというのは私たちにも影響する話なのです。

三　浦　企業同士が相互に影響を及ぼすこともありそうです。

弁護士　最近，気候変動が大きなテーマとされていることもその1つの話といえます。たとえば，ある上場会社で部品を製造している工場が台風などで大きな被害を受けた場合，現在の複雑なサプライチェーンの中では，その上場会社だけに財務的な損失が発生するにとどまらず，その上場会社が製造している部品を組み込んでいる製品に関連する企業全般に影響が生じえます。

　気候変動による自然災害の増加が懸念される中，被災によるサプライチェーンの断絶などが起きれば，事業の継続性に甚大な影響が及ぶおそれもあります。

三　浦　気候変動が重要な問題となっていることは実感していますが，欧米での議論が影響しているのでしょうか。

弁護士　金融資本市場のグローバル化によって，海外の投資家の存在感は相当大きなものとなっています。東京証券取引所における現物（株式）市場では，日々の取引フローのベースでは6〜7割が海外投資家のオーダーフローだといわれていますし，また，発行済株式数に対する保有割合ベースでは3割が海外投資家の保有となっています。

　このように，海外投資家の日本の上場会社に対する存在感が大きくなっていることから，このような海外投資家，グローバルな投資家が欧米で持っている問題意識を日本の上場会社も無視することはできないという状況にあるわけです。

ESGとCSR

三　浦　サステナビリティやESGが企業と投資家の双方にとって重要であることは理解しましたが，これまでのCSR（企業の社会的責任）とは何が違うのでしょうか。

弁護士　CSRとは，企業が持続可能な発展を目的として，多様なステークホルダーとの関係で認識する責任と，それに基づく経済・環境・社会的取組みのことで，その名前のとおり，企業の社会的責任に関するものです。

　　　これに対し，サステナビリティやESGは，企業の持続的な成長と中長期的な企業価値向上の観点から出てきたものです。

三　浦　なぜ機関投資家の間でESG投資が拡大するようになってきているのでしょうか。

弁護士　ESG投資の拡大の背景には，機関投資家が負う受託者責任のもとでESG投資が可能になったことがあげられます。

　　　2006年，当時の国連事務総長であったコフィ・アナン氏が提唱したイニシアティブである責任投資原則（PRI）が，「機関投資家である私たちには，受益者の最善の長期的利益のために行動する責任があります。この受託者という役割において，環境，社会，コーポレート・ガバナンス（ESG）問題が投資ポートフォリオに影響を与える可能性があると考えています（企業，セクター，地域，資産クラス，時期により，その程度は異なります）。また，本原則を適用することにより，投資家をより広範な社会の目標に沿わせることができると認識しています。したがって，私たちの受託者責任と矛盾しないかぎり，コミットメントとして，以下（6原則）を約束します」として，ESGと受託者責任の関係を整理しました。

　　　責任投資原則を受け，欧米では，年金の運用における受託者責任の法的解釈が議論され，ESG投資は，社会的責任を投資収益に優先させるものではなく，少なくともリスク・リターンの追求を前提として，ESGを

考慮することは可能とされています。

三浦　投資収益があってのESG投資ということですね。

弁護士　他方，最近では，欧州を中心に，ESGの要素を考慮せずに投資を行うこと自体がむしろ受託者責任に反するのではないかという議論もされているところです。

三浦　日本ではどのような議論になっているのでしょうか。

弁護士　日本でも金融商品取引法や信託法などで受託者責任が定められています。

　また，「企業の持続的な成長を促す観点から，幅広い機関投資家が企業との建設的な対話を行い，適切に受託者責任を果たすための原則」として，2014年にスチュワードシップ・コードが策定され，「機関投資家は，投資先企業の持続的成長に向けてスチュワードシップ責任を適切に果たすため，当該企業の状況を的確に把握すべきである」とされています。

　そして，「把握する内容としては，例えば，投資先企業のガバナンス，企業戦略，業績，資本構造，事業におけるリスク・収益機会（社会・環境問題に関連するものを含む）及びそうしたリスク・収益機会への対応など，非財務面の事項を含む様々な事項」とされています。

【金融商品取引法42条（権利者に対する義務）】

1　金融商品取引業者等は，権利者（次の各号に掲げる業務の区分に応じ当該各号に定める者をいう。以下この款において同じ。）のため忠実に投資運用業を行わなければならない。

一　第2条第8項第12号に掲げる行為を行う業務　同号イ又はロに掲げる契約の相手方

二　第2条第8項第14号に掲げる行為を行う業務　同号に規定する有価証券に表示される権利その他の政令で定める権利を有する者

三　第2条第8項第15号に掲げる行為を行う業務　同号イからハまでに掲げる権利その他同号に規定する政令で定める権利を有する者

2　金融商品取引業者等は，権利者に対し，善良な管理者の注意をもつて投資運用業を行わなければならない。

【信託法29条（受託者の注意義務）】
1　受託者は，信託の本旨に従い，信託事務を処理しなければならない。
2　受託者は，信託事務を処理するに当たっては，善良な管理者の注意をもって，これをしなければならない。ただし，信託行為に別段の定めがあるときは，その定めるところによる注意をもって，これをするものとする。

【信託業法28条（信託会社の忠実義務等）】
1　信託会社は，信託の本旨に従い，受益者のため忠実に信託業務その他の業務を行わなければならない。
2　信託会社は，信託の本旨に従い，善良な管理者の注意をもって，信託業務を行わなければならない。
3　信託会社は，内閣府令で定めるところにより，信託法第34条の規定に基づき信託財産に属する財産と固有財産及び他の信託の信託財産に属する財産とを分別して管理するための体制その他信託財産に損害を生じさせ，又は信託業の信用を失墜させることのない体制を整備しなければならない。

スチュワードシップ・コード

三浦　世界最大のアセットオーナーである年金積立金管理運用独立行政法人（GPIF）も長期にわたって安定した収益を獲得する投資家という立場から，「ESGの要素に配慮した投資は長期的にリスク調整後のリターンを改善する効果があると期待できる」として，株式にとどまらず，債券などすべての資産でESGの要素を考慮した投資を進めていますね。

弁護士　2020年に改訂されたスチュワードシップ・コードでは，スチュワードシップ責任の要素として，投資先企業やその事業環境等に関する深い理解に加え，「運用戦略に応じたサステナビリティ（ESG要素を含む中長期的な持続可能性）の考慮」が盛り込まれました。
　　また，2021年6月に金融庁が公表したサステナブルファイナンス有識者会議報告書「持続可能な社会を支える金融システムの構築」では，

　「ESG投資は受託者責任に反しないという認識は，全世界的に一定程度の支持を得ているものと考えられる。受託者責任を果たす上でESG投資以外の運用戦略もありうる中で，現状，ESG要素を考慮しなければ受託者責任に反するとまで言える状況にはないが，「1. 基本的視点」で述べたサステナブルファイナンスの意義を踏まえESG要素を考慮することは，日本においても受託者責任を果たす上で望ましい対応と位置づけることができると考えられる」とされています。このことは受託者責任の解釈において，ESG要素を考慮することを肯定するものとして実務上も重要です。

【スチュワードシップ・コード指針1－1】
　機関投資家は，投資先企業やその事業環境等に関する深い理解のほか運用戦略に応じたサステナビリティ（ESG要素を含む中長期的な持続可能性）の考慮に基づく建設的な「目的を持った対話」（エンゲージメント）などを通じて，当該企業の企業価値の向上やその持続的成長を促すことにより，顧客・受益者の中長期的な投資リターンの拡大を図るべきである。

【スチュワードシップ・コード指針1－2】
　機関投資家は，こうした認識の下，スチュワードシップ責任を果たすための方針，すなわち，スチュワードシップ責任をどのように考え，その考えに則って当該責任をどのように果たしていくのか，また，顧客・受益者から投資先企業へと向かう投資資金の流れ（インベストメント・チェーン）の中での自らの置かれた位置を踏まえ，どのような役割を果たすのかについての明確な方針を策定し，これを公表すべきである。
　その際，運用戦略に応じて，サステナビリティに関する課題をどのように考慮するかについて，検討を行った上で当該方針において明確に示すべきである。

【スチュワードシップ・コード指針4－2】
　機関投資家は，サステナビリティを巡る課題に関する対話に当たっては，運用戦略と整合的で，中長期的な企業価値の向上や企業の持続的成長に結び付くものとなるよう意識すべきである。

> 【スチュワードシップ・コード指針７－１】
> 　機関投資家は，投資先企業との対話を建設的なものとし，かつ，当該企業の持続的成長に資する有益なものとしていく観点から，投資先企業やその事業環境等に関する深い理解のほか運用戦略に応じたサステナビリティの考慮に基づき，当該企業との対話やスチュワードシップ活動に伴う判断を適切に行うための実力を備えていることが重要である。
> 　このため，機関投資家は，こうした対話や判断を適切に行うために必要な体制の整備を行うべきである。

三浦　ESG要素を考慮することを求めるソフトローが発展している現状からすると，日本では，多くの機関投資家にとって，投資に関する意思決定の際にESG要素を考慮し，その過程と結果をアセットオーナーや最終受益者に報告することは，受託者責任や説明責任を果たすうえで重要な要素となっているといえそうですね。

弁護士　もっとも，ESGを考慮すればいかなる投資も正当化されるということではないことには注意が必要です。スチュワードシップ・コードに関する有識者検討会では，ESG要素は企業価値の向上に資する限度でこれを追求すべきとの意見も複数出されたことにも留意すべきです。

　また，2020年に改訂されたスチュワードシップ・コードでは，スチュワードシップ責任の定義にサステナビリティの考慮を取り入れつつも，改訂前と同様に，企業の企業価値向上や持続的成長を促すことにより，顧客・受益者の中長期的な投資リターンの拡大を図ることがスチュワードシップ・コードの目的であるという点は維持されています。

三浦　このような機関投資家の受託者責任の議論を踏まえ，企業としては，どのように考えるべきなのでしょうか。

弁護士　ESGを重視しない企業について，機関投資家の中には，ダイベストメント，つまり投資撤退をしたり，また，とりわけ気候変動への影響が大きい業種や企業については，取組みのスピードが遅れていたり情報開示が著しく不足していたりする場合，そしてそれが対話を通じて改善さ

れないときには，議決権行使の際に経営陣や取締役に対して反対票を投じることも検討していくことを明示している機関投資家もいます。

　また，ESGを重視していないと見られた企業では，いざ資金が必要になったときに十分な資金を調達できない可能性も増しています。このことは資本コストを高め，企業価値を毀損することにもつながることに留意する必要があります。

▍資本コスト

三　浦　そもそも，資本コストとは何でしょうか。コーポレートガバナンス・コードでも明確な定義はありませんよね。

弁護士　資本コストとは，一般的には，自社の事業リスクなどを反映した資金調達に伴うコストで，資金の提供者が期待する収益率と考えられ，適用の場面に応じて株主資本コストとWACC（加重平均資本コスト）が用いられることが多いところです。

　資本コストの定義は企業によって異なっているものの，それが明確になっていないことが企業との対話を困難にしているとの投資者の指摘もあるところですので，経営戦略や経営計画において自社の資本コストを明確に示すこと，たとえば，資本コストの算出方法や具体的な数値，投資評価などに用いるハードルレートを示すことも考えられます。

　ただ，資本コストの数値を示すことが目的ではなく，資本コストを踏まえたストーリーを投資者に示していくことこそが重要であるといえます。

三　浦　当社では公募増資を行うことは当面は想定されていないですし，資本コストをどこまで気にしなくてはならないのかというのは今ひとつピンときません。

弁護士　コーポレートガバナンス・コードで資本コストを的確に把握することが求められている趣旨は，①会社の持続的な成長と中長期的な企業価値向上のためには，合理的な資本配分を行う必要がある，そして，②そ

のためには資本コストを的確に把握していることが前提となるということにあります。

このように，資本コストは，株式市場から資金調達を行う場合に限らず，会社の合理的な資本配分に関わるものですので，公募増資等を予定しない会社においても資本コストの的確な把握が不要となるものではありません。

▌株主との建設的な対話

三　浦　ところで，なぜ「株主との建設的な対話」とされているのでしょうか。株主至上主義のようで，どうも違和感があります。

弁護士　株主は会社を取り巻く利害関係者，ステークホルダーの1つにすぎません。会社にとって株主というのは配慮すべき存在であるのは当然としても，株主が1番偉いと考える必要はないでしょう。

三　浦　コーポレートガバナンス・コードに何か手がかりはあるのでしょうか。

弁護士　コーポレートガバナンス・コードの基本原則2は「株主以外のステークホルダーとの適切な協働」について定めているところ，「従業員，顧客，取引先，債権者，地域社会をはじめとする様々なステークホルダー」はステークホルダーの例示であって，これらに限られるものではなく，各社において関係するステークホルダーは，各社に共通するものもあれば各社ごとに異なるものもあります。

三　浦　では，なぜ建設的な対話の相手は株主とされているのでしょうか。

弁護士　それは，株主の正当な利益を確保するような経営を行えば，同時にすべてのステークホルダーの利益も満足させることができるという考え方があるからでしょう。

三　浦　株主の正当な利益を確保することがステークホルダーの利益にもなるというのはどういうことでしょうか。

弁護士　会社法上，株式会社が利益を得たときや清算するときの株主の権利

は何でしょうか。

三　浦　剰余金配当請求権と残余財産分配請求権です。

弁護士　そうですね。株主有限責任のもと，株式会社の株主は債権者に対する債務の支払いなどで残った財産があるときはそれが分配されることになっています。つまり，会社の収益を従業員，顧客，取引先，債権者，地域社会などで分け合った残りが株主のものという構造になっているわけです。

このため，中長期的に株主の利益になる経営をするということは，従業員，顧客，取引先，債権者，地域社会といった株主以外のステークホルダーの利益にもなっているはずであると考えられていることから，株主と建設的な対話をしましょうというわけです。

【会社法105条（株主の権利）】
1　株主は，その有する株式につき次に掲げる権利その他この法律の規定により認められた権利を有する。
（1）　剰余金の配当を受ける権利
（2）　残余財産の分配を受ける権利
（3）　株主総会における議決権
2　株主に前項第1号及び第2号に掲げる権利の全部を与えない旨の定款の定めはその効力を有しない。

まとめ

三　浦　サステナビリティやESGは数十年先を見据えたものになるため，2021年6月のコーポレートガバナンス・コードの改訂事項は対応に時間がかかるものが多そうです。

弁護士　重要な問題については検討に時間がかかるのも当然ですし，また，機関投資家としては，重要な事項であればあるほど，形式的にコンプライするよりも慎重な検討と質の高いエクスプレインを期待しているとこ

ろでもあります。

三浦 機関投資家の中にはむしろ機械的にコンプライを要求しているところもあるとの指摘もあります。

弁護士 企業としてはそのような受け止めもあるかもしれませんが，上場会社にとって，ガバナンスは手段であって，目的はあくまで持続的な成長と中長期的な企業価値向上ですので，そのような観点からコーポレートガバナンス・コードに対応していくことが重要です。

【有価証券上場規程436条の3（コーポレートガバナンス・コードを実施するか，実施しない場合の理由の説明）】

　上場内国会社は，別添「コーポレートガバナンス・コード」の各原則を実施するか，実施しない場合にはその理由を第419条に規定する報告書において説明するものとする。この場合において，「実施するか，実施しない場合にはその理由を説明する」ことが必要となる各原則の範囲については，次の各号に掲げる上場内国会社の区分に従い，当該各号に定めるところによる。

（1）　スタンダード市場及びプライム市場の上場内国会社
　基本原則・原則・補充原則
（2）　グロース市場の上場内国会社
　基本原則

【有価証券上場規程445条の3（コーポレートガバナンス・コードの尊重）】

　上場会社は，別添「コーポレートガバナンス・コード」の趣旨・精神を尊重してコーポレート・ガバナンスの充実に取り組むよう努めるものとする。

② サステナビリティ・ESGに関する法的論点

ソフトローとハードロー

三　浦　サステナビリティ・ESGについてコーポレートガバナンス・コードやスチュワードシップ・コードがありますが，法律ではありませんよね。

弁護士　サステナビリティを含むESG分野の特徴としては，ソフトローが発展してきていることがあります。

　ハードローと呼ばれる制定法と異なり，コーポレートガバナンス・コードといったソフトローでは，いわゆるプリンシプルベース・アプローチを採用し，厳格な定義を置くのではなく，まずは株主等のステークホルダーに対する説明責任等を負うそれぞれの企業がソフトローの趣旨・精神に照らして適切に対応することが期待されています。

三　浦　そのほかに，どのような違いがあるのでしょうか。

弁護士　ソフトローはハードローのような違反した場合の罰則が定められているものではないという違いもあります。もっとも，罰則がないのでおろそかにしてよいということにはならず，かえって規範性が強くなることもありえます。

　また，ハードローの場合，違反しているか違反していないか，あるいは，罰則の適用があるかないかという観点から検討される傾向があるのに対し，ソフトローの場合，上場企業としてソフトローに対してどのようなスタンスを持っているかという視点が重要で，投資者もその点を見ています。

三　浦　かつては適法性・違法性という観点から検討していたのとは大きく状況が変わってきていますね。

弁護士　現在のように，ハードローからソフトローによるルール形成という流れの中では，適法性・違法性を超えて，上場会社としてステークホル

ダーへの説明責任等をきちんと果たすものとなっているかという観点を踏まえることが重要でしょう。

三浦 ただ，民主的な手続を経ていないソフトローがハードローに取って代わるというのは違和感があります。

弁護士 ソフトローを策定する際も，市場関係者の意見を聴いたり，パブリックコメント手続を行うなどされていますし，機動的に現実の課題に対応できるという点ではソフトローによるルール形成にも合理性はあるといえます。

【コーポレートガバナンス・コード原案序文9項】

　本コード（原案）において示される規範は，基本原則，原則，補充原則から構成されているが，それらの履行の態様は，例えば，会社の業種，規模，事業特性，機関設計，会社を取り巻く環境等によって様々に異なり得る。本コード（原案）に定める各原則の適用の仕方は，それぞれの会社が自らの置かれた状況に応じて工夫すべきものである。

【コーポレートガバナンス・コード原案序文10項】

　こうした点に鑑み，本コード（原案）は，会社が取るべき行動について詳細に規定する「ルールベース・アプローチ」（細則主義）ではなく，会社が各々の置かれた状況に応じて，実効的なコーポレートガバナンスを実現することができるよう，いわゆる「プリンシプルベース・アプローチ」（原則主義）を採用している。

　「プリンシプルベース・アプローチ」は，スチュワードシップ・コードにおいて既に採用されているものであるが，その意義は，一見，抽象的で大掴みな原則（プリンシプル）について，関係者がその趣旨・精神を確認し，互いに共有した上で，各自，自らの活動が，形式的な文言・記載ではなく，その趣旨・精神に照らして真に適切か否かを判断することにある。このため，本コード（原案）で使用されている用語についても，法令のように厳格な定義を置くのではなく，まずは株主等のステークホルダーに対する説明責任等を負うそれぞれの会社が，本コード（原案）の趣旨・精神に照らして，適切に解釈することが想定されている。

　株主等のステークホルダーが，会社との間で対話を行うに当たっても，この「プリンシプルベース・アプローチ」の意義を十分に踏まえることが望まれる。

サステナビリティ・ESGと
コーポレート・ガバナンス

　第2章では，サステナビリティ・ESGと取締役の善管注意義務，株主との対話，情報開示，サステナビリティ委員会・サステナビリティガバナンス，サプライチェーン，人権デュー・ディリジェンスについて見ていきます。

サステナビリティ・ESGと取締役の善管注意義務

取締役の善管注意義務

三浦 サステナビリティ・ESGが経営陣の責任とどう関係するのかは，法務的には重要なポイントです。

弁護士 取締役が負っている責任の内容から考えてみましょう。取締役は，会社との間で委任関係に立つことから，善良な管理者の注意をもって委任事務を処理する義務，つまり善管注意義務を負っていますし，法令や定款，株主総会の決議を遵守してその職務を行う義務や，会社のために忠実にその職務を行う義務を負っています。

【会社法330条（株式会社と役員等との関係）】
　株式会社と役員及び会計監査人との関係は，委任に関する規定に従う。

【民法644条（受任者の注意義務）】
　受任者は，委任の本旨に従い，善良な管理者の注意をもって，委任事務を処理する義務を負う。

【会社法355条（忠実義務）】
　取締役は，法令及び定款並びに株主総会の決議を遵守し，株式会社のため忠実にその職務を行わなければならない。

三浦 「会社のため」というのは，どういうことでしょうか。

弁護士 会社は営利を目的とする法人ですので，「会社のため」とは，基本的には会社の利益をなるべく大きくすることを意味すると考えられています。

　そして，会社の利益は，剰余金の配当や残余財産の分配などを通じて，最終的には株主に分配されるものですので，取締役の義務は，基本的に

は，株主の利益をなるべく大きくするように，善管注意義務をもってその職務を行うこと，つまり，株主利益最大化の原則があると考えられているわけです。

また，株主利益以外の目的の追求を取締役に認めることは，経営に対する規律を弱めるおそれがあることも指摘されています。

【会社法105条（株主の権利）】

1　株主は，その有する株式につき次に掲げる権利その他この法律の規定により認められた権利を有する。

（1）　剰余金の配当を受ける権利

（2）　残余財産の分配を受ける権利

（3）　株主総会における議決権

2　株主に前項第1号及び第2号に掲げる権利の全部を与えない旨の定款の定めはその効力を有しない。

【会社法453条（株主に対する剰余金の配当）】

株式会社は，その株主（当該株式会社を除く。）に対し，剰余金の配当をすることができる。

【会社法502条（債務の弁済前における残余財産の分配の制限）】

清算株式会社は，当該清算株式会社の債務を弁済した後でなければ，その財産を株主に分配することができない。ただし，その存否又は額について争いのある債権に係る債務についてその弁済をするために必要と認められる財産を留保した場合は，この限りでない。

三浦　そうすると，サステナビリティ・ESGを考慮することは取締役の善管注意義務に反することになりかねないのでしょうか。

弁護士　株主の利益は，短期的に得られる利益だけではなく，長期的に得られると期待されている利益も含まれると考えるべきものです。また，株主の利益に資するかどうかは，その判断が取締役の利害に関わるものである場合を除き，取締役に広い裁量が認められるべきものです。

このため，一見すると株主以外の利益を図ったように見える経営判断であっても，それが株主の利益を害するとの理由で取締役の義務違反が認められることは実際にはごく例外的であるといえます。

三浦 サステナビリティ・ESGについても，経営判断の原則が及ぶということですね。

弁護士 また，会社が相当な範囲で社会的に期待される行為を行うことは，たとえ株主利益の最大化につながらないとしても，許容されると考えられています。

このため，会社の資産や収益の状態に照らして相当な範囲で，法令で要求される以上に社会や環境に配慮した経営を行うことや，サステナビリティやESGを考慮した企業活動を行うことは，仮にそれをしない場合に比べて株主の利益が減少するとしても取締役の義務に違反するものではないと考えられています。

三浦 サステナビリティ・ESGを考慮することで取締役の善管注意義務違反となることは例外的であるということで安心しました。

弁護士 サステナビリティ・ESGは，企業の中長期的な企業価値の向上についての取組みですので，なおさら取締役の善管注意義務に違反するものではないと考えることができるでしょう。

三浦 そのような考えを推し進めると，逆にサステナビリティ・ESGを考慮しないことが取締役の善管注意義務に違反することにはならないでしょうか。

弁護士 その点については，サステナビリティ・ESGであればなんでもよいということではないことに注意が必要です。

経済産業省が2020年7月に策定した「社外取締役の在り方に関する実務指針（社外取締役ガイドライン）」でも，会社の持続的な成長と中長期的な企業価値を向上させるためには，ESGやSDGsの視点を含め，グローバルな潮流も踏まえた持続可能性を意識しつつ経営を行うことが必要とされていますが，上場会社の持続可能性は資本コストを踏まえた十

分な資本収益性を確保することを前提とするもので，ESGやSDGs等が企業の資本効率が低いことの言い訳として利用されないように注意すべきであるという指摘があったことには気をつけるべきでしょう。

三　浦　サステナビリティやESGはあくまで，企業価値向上と結びつける必要があるということですね。

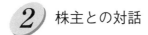 株主との対話

株主提案

三　浦　ここ数年，気候変動といったサステナビリティやESGに関連して株主提案が起こされることが増えてきています。

弁護士　サステナビリティやESGをめぐっては，2020年，環境NGO／ NPOの気候ネットワークが，みずほフィナンシャルグループに対して「当会社がパリ協定および気候関連財務情報開示タスクフォースに賛同していることに留意し，パリ協定の目標に沿った投資を行うための指標および目標を含む経営戦略を記載した計画を年次報告書にて開示する」との条項を定款に規定する旨の株主提案が行われ，賛成率が約34％となりました。

　　また，機関投資家の議決権行使基準において，会社提案の議案に関し，サステナビリティ・ESGに関連する要素を具体的に盛り込むものも見られるようになってきています。

三　浦　株主提案の兆候のようなものはどのように察知すればよいのでしょうか。

弁護士　会社法上，上場会社に対して株主提案を行うためには6か月の保有期間が必要ですので，アクティビストと呼ばれる株主は，6月総会の会社であれば，その前年の秋くらいには株式を取得し始めるといわれています。

　このため，株主提案の動きがありそうだといった場合には，年明けに実質株主判明調査を行うことも考えられます。

【会社法303条（株主提案権）】

1　株主は，取締役に対し，一定の事項（当該株主が議決権を行使することができる事項に限る。次項において同じ。）を株主総会の目的とすることを請求することができる。

2　前項の規定にかかわらず，取締役会設置会社においては，総株主の議決権の100分の1（これを下回る割合を定款で定めた場合にあっては，その割合）以上の議決権又は300個（これを下回る数を定款で定めた場合にあっては，その個数）以上の議決権を6箇月（これを下回る期間を定款で定めた場合にあっては，その期間）前から引き続き有する株主に限り，取締役に対し，一定の事項を株主総会の目的とすることを請求することができる。この場合において，その請求は，株主総会の日の8週間（これを下回る期間を定款で定めた場合にあっては，その期間）前までにしなければならない。

3　公開会社でない取締役会設置会社における前項の規定の適用については，同項中「6箇月（これを下回る期間を定款で定めた場合にあっては，その期間）前から引き続き有する」とあるのは，「有する」とする。

4　第2項の一定の事項について議決権を行使することができない株主が有する議決権の数は，同項の総株主の議決権の数に算入しない。

【会社法304条】

　株主は，株主総会において，株主総会の目的である事項（当該株主が議決権を行使することができる事項に限る。次条第1項において同じ。）につき議案を提出することができる。ただし，当該議案が法令若しくは定款に違反する場合又は実質的に同一の議案につき株主総会において総株主（当該議案について議決権を行使することができない株主を除く。）の議決権の10分の1（これを下回る割合を定款で定めた場合にあっては，その割合）以上の賛成を得られなかった日から3年を経過していない場合は，この限りでない。

【会社法305条】

1　株主は，取締役に対し，株主総会の日の8週間（これを下回る期間を定款で定めた場合にあっては，その期間）前までに，株主総会の目的である事項につき当該株主が提出しようとする議案の要領を株主に通知すること（第299第2

　項又は第3項の通知をする場合にあっては，その通知に記載し，又は記録すること）を請求することができる。ただし，取締役会設置会社においては，総株主の議決権の100分の1（これを下回る割合を定款で定めた場合にあっては，その割合）以上の議決権又は300個（これを下回る数を定款で定めた場合にあっては，その個数）以上の議決権を6箇月（これを下回る期間を定款で定めた場合にあっては，その期間）前から引き続き有する株主に限り，当該請求をすることができる。

2　公開会社でない取締役会設置会社における前項ただし書の規定の適用については，同項ただし書中「6箇月（これを下回る期間を定款で定めた場合にあっては，その期間）前から引き続き有する」とあるのは，「有する」とする。

3　第1項の株主総会の目的である事項について議決権を行使することができない株主が有する議決権の数は，同項ただし書の総株主の議決権の数に算入しない。

（以下省略）

米国における株主提案の除外事由

三　浦　米国でもESGに関連して株主提案が起こされていると聞きます。

弁護士　米国でも日本と同じく株主提案権が会社法上認められています。もっとも，米国では，株主提案が議決権要件といった形式要件を満たしていない場合だけでなく，株主提案が米国証券取引委員会（SEC）の規則で定められている除外事由に該当するとして，プロキシーステートメント（株主総会招集通知）に記載しないことが法令違反となるものではないことについて，上場会社がSECに確認を求めることができるようになっています。

三　浦　株主提案を行うことができる対象が実質的に制限されているということですね。

弁護士　米国では，日本のように形式要件を具備すれば株主提案権をほぼ確実に行使できるのとは異なり，株主提案が認められる範囲は非常に限定されています（【図表2-1】参照）。

図表2-1	米国における株主提案の除外事由：SEC規則14a-8
1	州法上認められない事項についての提案
2	会社に法令違反を生じさせる提案
3	委任状勧誘規制に違反する提案
4	提案株主が利害を有する提案
5	会社の事業に重大な関連を有しない事項についての提案
6	会社が有効になしえない行為を求める提案
7	会社の通常の事業運営についての提案
8	取締役の選解任についての提案
9	会社提案と対立する提案
10	会社がすでに実質的に実施している内容の提案
11	他の株主による事前の提案と重複する提案
12	過去に会社のプロキシーステートメントに記載された一定の事項の再提案
13	具体的な金額の配当についての提案

Say-on-Climate

三 浦 そうすると，米国ではどのような株主提案が行われているのでしょうか。

弁護士 近時，米国では，「Say-on-Climate」という，企業の気候変動への取組みや戦略方針等について株主総会で意見表明の機会を求める議案が増えています。

この「Say-on-Climate」は役員報酬についての「Say-on-Pay」の脱炭素版であるといえ，どちらも法的拘束力がない勧告的決議という点では同じです。

三 浦 あくまで勧告的決議ということであれば，そこまで気にする必要はないということでしょうか。

弁護士 そうとも言えません。強制力はないとしても，株主総会での反対票が多ければ取締役会としては無視できず，内容の見直しを迫られることになります。日本でサステナビリティやESGに関連する定款変更議案の

株主提案が承認されなかったので全く無視してもよいわけではないのと同じです。

　また，2021年11月，SECは，株主提案から除外される「会社の通常の事業運営についての提案」につき，広範な社会的影響を考慮して判断するとして無条件の除外を認めない方針に転換したため，サステナビリティやESGに関連する株主提案が今後米国で増える可能性もあります。

会社法における株主提案

三浦　日本では，米国における「会社の通常の事業運営についての提案」のような実質的な除外事由は定められていません。

弁護士　日本の会社法では，議決権の3分の2以上というハードルはあるものの，株主提案の内容を定款変更に紐づけることで事実上あらゆる内容を株主提案の対象とすることができます。このため，社会的目的に基づく株主提案も，定款変更議案の形式を用いることによって，ほぼ無制限に行うことが可能です。

　このように，日本では定款変更議案の形式を用いてESG関係の取組み等を求める株主提案を行いやすいという法制度になっています。

三浦　そもそも株主提案権はいつ会社法に定められたのでしょうか。

弁護士　株主提案権は昭和56年商法改正で導入されました。昭和56年商法改正時の立案担当者は，株主提案権制度について，一般の株主の総会参加意欲を向上させるための措置として導入するものであり，経営者と株主，あるいは株主相互間のコミュニケーションをよくして，開かれた株主総会を実現しようとするものであると説明していました。

三浦　株主構成の変化などを背景として，上場会社の株主総会のあり方は，昭和56年前後と現在では大きく異なります。

弁護士　たしかに，当時，株主提案が実際に承認される可能性はほとんどないと考えられており，また，株主提案を行う株主として主に想定されていたのが個人株主だったということで，現在とは状況が大きく異なって

【会社法466条（定款の変更）】

　株式会社は，その成立後，株主総会の決議によって，定款を変更することができる。

【会社法309条（株主総会の決議）】

1　株主総会の決議は，定款に別段の定めがある場合を除き，議決権を行使することができる株主の議決権の過半数を有する株主が出席し，出席した当該株主の議決権の過半数をもって行う。

2　前項の規定にかかわらず，次に掲げる株主総会の決議は，当該株主総会において議決権を行使することができる株主の議決権の過半数（3分の1以上の割合を定款で定めた場合にあっては，その割合以上）を有する株主が出席し，出席した当該株主の議決権の3分の2（これを上回る割合を定款で定めた場合にあっては，その割合）以上に当たる多数をもって行わなければならない。この場合においては，当該決議の要件に加えて，一定の数以上の株主の賛成を要する旨その他の要件を定款で定めることを妨げない。

（1号から10号省略）

(11)　第6章から第8章までの規定により株主総会の決議を要する場合における当該株主総会

（以下省略）

います。

三浦　株主提案権制度ができたときとは前提が大きく変わっていますが，何か手当てはされていないのでしょうか。

弁護士　日本では定款変更議案を通じて事実上あらゆる事項について株主提案ができることからしても，株主提案権のハードルはもう少し上げたほうがよいという指摘はありましたが，令和元年会社法改正でもこの点の改正は行われませんでした。

三浦　ただ，サステナビリティやESGに関連する株主提案が正論であれば，会社としても反対する理由はないようにも思われます。

弁護士　定款とは会社にとっての憲法ですので，定款変更議案が可決された場合，経営者は変更された定款に拘束されることになります。

　　目下の状況では望ましいように思われるとしても，その後，状況が変わったときに改めて定款を変更することは容易ではなく，経営の自由度が奪われることで，将来的にはかえって企業価値が毀損されることもありえます。

　　一方で，その株主提案を行った株主が将来も株主であり続けるとは限らないので，気候変動など，一見すると正論と思われるようなサステナビリティやESGに関連する株主提案があったとしても，定款変更議案の場合には慎重な検討が必要となります。

┃ダノンの事例

三浦　ESG優良企業であっても株主提案を起こされるのでしょうか。

弁護士　海外の事例を見てみましょう。フランスの食品会社大手のダノンは，2020年6月の株主総会において，「使命を果たす会社」になるための定款変更を提案し，99％を超える賛成で承認されるなど，ESG優良企業と考えられていました。

　　ところが，2021年3月，ダノンの取締役会は，当時CEOであったエマニュエル・ファベール氏のCEO退任，取締役会議長とCEOの分離，社外取締役が取締役会議長に就任することを決定しました。

三浦　ダノンはどのような株主構成だったのでしょうか。

弁護士　2020年12月31日時点で株主の78％が機関投資家で，そのうち米国の機関投資家が44％であるなど，フランス以外の機関投資家が82％であったとされています。

三浦　グローバルな機関投資家が株主の多数を占めていたということですね。

弁護士　ダノンの株主にはアクティビストがおり，そのうち，イギリスのブルーベル・キャピタル・パートナーズは，ダノンがサステナビリティを追求することには異論はないが，ファベールCEOのリーダーシップのもとでは株主価値の創造とサステナビリティの適切なバランスをとるこ

とができていないと非難し，新たなCEOの選任と取締役会議長とCEOの分離を求めていました。

　また，米国のアーチザン・パートナーズは，サステナビリティに向けた取組みは称賛する一方で，同業他社に比べて業績が振るわないことを非難し，取締役会議長とCEOの分離を含めたコーポレート・ガバナンスの改善を求めるダノン宛てのレターを公開していました。

　このようなアクティビスト株主の強い要請等を受け，2021年3月，ダノンの取締役会はファベール氏のCEO退任と社外取締役が取締役会議長に就任することを決定しました。

【三　浦】　アクティビスト2社はダノンの株式をどの程度保有していたのでしょうか。

【弁護士】　アーチザン・パートナーズは約3％の株式を保有する大株主であったようですが，その他の機関投資家もダノンの業績不振に対してアクティビスト2社と同様の考えを持っていたことがダノンの取締役会の決定に大きな影響を与えたと考えられています。

【三　浦】　0.02％の株式を保有するにすぎない新興ファンドのエンジン・ナンバーワンが推薦した取締役3名が株主総会で選任されたエクソン・モービルの事案もそうですが，アクティビスト株主を機関投資家も支持しているということでしょうか。

【弁護士】　ダノンやエクソン・モービルの事例は，機関投資家は企業のサステナビリティに向けた取組みには賛同するが，それはあくまで中長期的な企業価値向上があってのことであることを示すものといえます。

Column
ESGアクティビズムとエクソン・モービル

　2021年５月26日，エクソン・モービルの定時株主総会において，同社の0.02％の株式を保有するにすぎない新興ファンドのエンジン・ナンバーワンが推薦した取締役３名が選任されました。

　本件の主な時系列は次のとおりです。

2020年12月７日	【エンジン・ナンバーワン】 エクソン・モービルに対し，エネルギー業界の専門家を取締役に選任し，脱炭素社会にふさわしい戦略を再構築することなどを求めるレターを送付。 【CalSTRS（カリフォルニア州教職員退職年金基金）】 エンジン・ナンバーワンの提案に賛同することを公表。
12月14日	【エクソン・モービル】 2020年の温室効果ガスの排出削減結果と2021年〜2025年の排出削減計画を公表。
2021年１月27日	【エンジン・ナンバーワン】 エクソン・モービルに対し，定時株主総会で取締役候補者としてエネルギー業界の専門家など４名を提案する旨の株主提案書を送付。
２月〜３月	【エクソン・モービル】 マレーシアの石油会社の前CEO，米国の投資ファンド代表者および機関投資家の計３名を取締役に選任。
４月下旬	【ニューヨーク州やカリフォルニア州等の年金基金】 エンジン・ナンバーワンの提案を支持することを公表。
５月中旬	【ISS（議決権行使助言会社）】 エンジン・ナンバーワンの提案する取締役候補者４名のうち３名について賛成推奨。 【グラス・ルイス（議決権行使助言会社）】 エンジン・ナンバーワンの提案する取締役候補者４名のうち２名について賛成推奨。

5月23日	【エクソン・モービル】 1年以内にエネルギーと環境問題の専門家をそれぞれ新たに取締役に選任し，環境対策を強化することを株主宛てレターで表明。
5月26日	【エクソン・モービル】 定時株主総会を開催。
6月2日	【エクソン・モービル】 確定した議決権行使結果を公表し，①エクソン・モービルが提案した取締役候補者12名のうち9名，②エンジン・ナンバーワンが提案した取締役候補者4名のうち3名を取締役に選任。 ※ブラックロックなどの大手運用機関や年金基金等の機関投資家はエンジン・ナンバーワンの提案した取締役候補者に賛成票を投じる。

機関投資家との対話

三浦　これまでの話をまとめると，株主提案を起こされる前からのコーポレート・ガバナンスや機関投資家との対話が重要ということですね。

弁護士　そうですね。また，サステナビリティや気候変動に関連した定款変更の株主提案があった場合，定款変更自体には反対であるとしても，株主提案の中身については是々非々で検討し，必要に応じて対応方針等を株主総会前に公表することも重要です。

　たとえば，2021年，住友商事に対し，オーストラリアの環境NGOマーケット・フォースから「定款の一部変更の件（パリ協定の目標に沿った事業活動のための事業戦略を記載した計画の策定，及び開示）」との株主提案がありました。

　この株主提案に対しては，米国や欧州の年金基金等の大手機関投資家が反対に回り，賛成率20％で否決されたのですが，住友商事が株主総会に先立って気候変動問題に対する方針の見直し等を公表していたことも賛成率に大きく影響したと考えられています。

　具体的には，**図表2-2**のように，発電ポートフォリオ，石炭火力発電事業と一般炭鉱山開発事業について，具体的な時期に言及しながら，どのような対応を行うか，見直し前と見直し後で比較しながら説明していました。

| 図表2-2 | 住友商事における気候変動問題に対する方針の見直しおよび気候変動緩和に向けた長期・中期目標の概要 |

気候変動問題に対する方針の見直し

	見直し 前	見直し 後
発電ポートフォリオ（持分発電容量ベース）	2019年 現在 石炭 50%、ガス 30%、再エネ 20% 2035年 石炭 30%、ガス 40%、再エネ 30%	**2035年** **石炭 20%、ガス 50%、再エネ 30%**
石炭火力発電事業	新規の開発は行わない。 ただし、地域社会における経済や産業発展に不可欠で、国際的な気候変動緩和の取組みや動向を踏まえた、日本国およびホスト国の政策に整合する案件は、個別に判断する。	石炭火力については、新規の発電事業・建設工事請負には取り組まない(*1)。また、石炭火力発電事業については、2035年までにCO2排出量を60%以上削減（2019年比）し、2040年代後半には全ての事業を終え石炭火力発電事業から撤退する。
一般炭鉱山開発事業	現在の持分生産量を上限とし、かつ新規開発案件は取り組まない。	今後新規の権益取得は行わず、2030年に一般炭鉱山持分生産量ゼロを目指す。

(*1)唯一の例外として、当社が建設請負工事業者として現在参画しているバングラデシュ マタバリ1&2の拡張案件として同国・本邦政府間で検討が進められているマタバリ3&4号機については、今後、様々なステークホルダーと対話を重ね、パリ協定との整合性を確認したうえで、参画の是非を検討する。（当社として、今後検討する可能性がある石炭火力発電事業・建設工事請負案件は本件のみ）

出所：住友商事株式会社，2021年5月7日付『「気候変動問題に対する方針」の見直しについて』
　　　（https://www.sumitomocorp.com/ja/jp/news/release/2021/group/14700）

マテリアリティ

（弁護士）　サステナビリティやESGについての機関投資家との対話にあたっては，マテリアリティ，つまり，自社の戦略ひいては企業価値に影響を与える重要なESG課題のリストを提示することも少なくないと思いますが，機関投資家と対話を行うに際してのサステナビリティやESGに関する課題は，すべての上場会社にあてはまるようなものではなく，自社の特徴に照らした課題について対話を行うことが重要です。

（三 浦）　どういうことでしょうか。

（弁護士）　自社はこういうビジネスを行っているので，こういったサステナビリティやESGの課題があり，それらの課題に対してこういう取組みを実施していくといったことを説明する，名前を隠したらどこの企業の取組みであるかがわからないようなものではなく，自社固有の課題について

対話を行うということです。

　たとえば，スイスの食品メーカーであるネスレでは，ステークホルダーにとっての重要性とネスレにとっての重要性をそれぞれ3つに分類し，自社固有のマテリアリティをマトリックスにして開示しています（【図表2-3】）。

　このように自社固有のマテリアリティを特定したうえで，課題やそれに対する取組みを投資者にわかりやすく開示し，対話につなげることが重要となります。

図表2-3　ネスレのマテリアリティ・マトリックス

出所：Nestlé「Annual Review 2020」45頁

スキル・マトリックス

弁護士 サステナビリティやESGとは少し話がそれますが，2021年6月に改訂されたコーポレートガバナンス・コードで盛り込まれたスキル・マトリックスについても発想は同じです。

　自社の持続的な成長と中長期的な企業価値向上の観点から，自社には具体的にどのような課題があり，その課題を解決するために各取締役のスキルがどのように関連づけられるかについて投資者に示すものとなっていることが重要です。

三　浦 指名委員会での判断要素にも影響することになりそうです。

弁護士 エクソン・モービルに3名の取締役を送り込むことに成功した投資ファンドのエンジン・ナンバーワンは，エクソン・モービル宛てのレターの中で，「独立社外取締役にはエネルギー業界の専門家がいない」と批判し，社外から専門家を取締役会に招き，脱炭素社会にふさわしい戦略を再構築する旨の主張をしていたことが機関投資家の賛同を得ることにもつながったと考えられています。

三　浦 アクティビスト対応という観点からもスキル・マトリックスを活用することは有用ということですね。

弁護士 このような事例も出てきたため，スキル・マトリックスにおいて，自社の課題解決にとってふさわしい取締役会構成になっているかを投資者に説明することができるようなものとなっていることがますます重要となってきます。

　たとえば，ピジョンでは，取締役会に求められる専門性の各項目について，自社の経営理念を中核としたすべての活動のよりどころである「Pigeon Way」と，その中で掲げている「存在意義（Purpose）」，また，その実現に向けてサステナビリティ経営の視点で自社が解決すべき6つの重要課題との関係で選定しており（【図表2-4】），自社の課題解決にとってふさわしい取締役会構成になっていることを投資者に示すことが

できるものとなっているという点で参考になります。

図表2-4　ピジョンのスキル・マトリックス

● 取締役会に求められる専門性

当社の取締役会・監査役会の実効性を確保するためには、各々の会議体を構成する個々の取締役および監査役が各々担う専門性を明らかにすることが前提として必要であると考え、以下の表（スキルマトリクス）に専門性を明らかにしました。なお、取締役会に求められる専門性の各項目については、当社経営理念"愛"を中核としたすべての活動の拠り所である「Pigeon Way」と、その中で掲げている「存在意義（Purpose）」、またその実現に向けてサステナビリティ経営の視点で当社が解決すべき6つの「重要課題（マテリアリティ）」との関係から選定しています。加えて、これらPigeon Way・存在意義・重要課題の実現に向け、中期経営計画で掲げた重点戦略を推進することは、当社だけでなく役員を選任した株主の意思にも合致するため、「第7次中期経営計画における重点戦略」についても加味して選定しています。

	氏名／地位	経営・事業戦略	当社事業・業界経験	グローバルビジネス	デザイン・研究開発・商品開発	SCM（※）	マーケティング・ブランディング	人材育成・企業文化	財務・会計	法務・コンプライアンス・リスクマネジメント	社会課題解決
取締役	仲田 洋一 取締役最高顧問	○	○					○			○
	山下 茂 代表取締役会長 兼取締役会議長	○	○	○				○	○		
	北澤 憲政 代表取締役社長	○	○				○				
	赤松 栄治 取締役専務執行役員		○					○		○	
	板倉 正 取締役専務執行役員		○			○					
	倉知 康典 取締役常務執行役員		○				○	○			
	Kevin Vyse-Peacock 取締役上席執行役員	○	○	○			○				
	新田 孝之 社外取締役	○							○	○	
	鳩山 玲人 社外取締役	○		○					○	○	
	岡田 英理香 社外取締役						○	○		○	
	林 千晶 社外取締役	○					○	○			
	山口 絵理子 社外取締役	○		○			○				○
監査役	松永 勉 常勤監査役		○						○	○	
	西本 浩 常勤監査役		○			○					
	大津 広一 社外監査役								○	○	
	太子堂 厚子 社外監査役									○	○

（※）SCM：サプライチェーンマネジメント

出所：ピジョン株式会社「2020年12月期統合報告書」47頁

弁護士　また，海外の会社になりますが，イギリスの消費財メーカーである
ユニリーバが開示しているスキル・マトリックス（【図表2-5】）では，
経営陣を監督する社外取締役のスキルとして，サステナビリティや国際
性に加え，地政学的な経験といったグローバル企業として直面する課題
についてのスキルを取り上げていることが参考になります。

図表2-5　ユニリーバのスキル・マトリックス

Non-Executive Directors

	Nils Andersen	Laura Cha	Vittorio Colao	Judith Hartmann	Andrea Jung	Susan Kilsby	Strive Masiyiwa	Youngme Moon	John Rishton	Feike Sijbesma
Leadership of complex global entities	✓		✓	✓	✓	✓	✓		✓	✓
Broad board experience	✓	✓	✓	✓	✓	✓	✓	✓	✓	✓
Geo-political exposure	✓	✓	✓	✓	✓	✓	✓		✓	✓
Financial expertise	✓	✓	✓	✓		✓	✓		✓	✓
FMCG/consumer insights	✓		✓		✓	✓	✓	✓		✓
Emerging markets experience	✓	✓	✓	✓	✓	✓	✓	✓		✓
Digital insights			✓		✓					
Marketing and sales expertise	✓		✓		✓		✓			
Investment banking and transaction expertise			✓			✓				
Science, technology and innovation expertise			✓			✓	✓			✓
Purposeful business and sustainability experience	✓		✓	✓	✓	✓	✓	✓		✓
HR and remuneration in international firms	✓	✓	✓	✓	✓	✓			✓	✓

出所：Unilever「Annual Report and Accounts 2020」65頁

三　浦　スキル・マトリックスは必ず作成しなければならないものでしょう
か。

弁護士　スキル・マトリックスはあくまで取締役の有するスキル等の組み合
わせをわかりやすく投資者に伝える方法の例示であって，スキル・マト
リックスを必ず作成しなければならないということではありません。

　　各企業において，企業価値向上の観点からどのような取締役会構成が
適切であるべきかを考え，それを株主や投資者に伝えるためのツールの
1つであると位置づけられます。

【コーポレートガバナンス・コード補充原則4−11①】
　取締役会は，経営戦略に照らして自らが備えるべきスキル等を特定した上で，取締役会の全体としての知識・経験・能力のバランス，多様性及び規模に関する考え方を定め，各取締役の知識・経験・能力等を一覧化したいわゆるスキル・マトリックスをはじめ，経営環境や事業特性等に応じた適切な形で取締役の有するスキル等の組み合わせを取締役の選任に関する方針・手続と併せて開示すべきである。その際，独立社外取締役には，他社での経営経験を有する者を含めるべきである。

③ 情報開示

気候関連リスクとは

三浦　サステナビリティについての取組みの開示が2021年6月に改訂されたコーポレートガバナンス・コードで取り入れられました。

弁護士　中長期的な企業価値の向上に向けてサステナビリティをめぐる課題へ積極的・能動的に対応することの重要性が高まっていますが，投資家と企業の間でサステナビリティに関する建設的な対話が行われるようにする観点からはサステナビリティについての取組みの開示が行われることが重要です。

　特に，気候変動に関する開示については，気候変動関連リスクの影響が投資判断にあたってますます重要となってきていますので，そのことを踏まえた対応が求められます。

三浦　気候関連リスクとはどういうことでしょうか。

弁護士　企業活動における気候関連リスクは大きく分けて2つあると考えられています（【図表2-6】）。

　1つは物理的なリスクで，気候変動により自然災害の増加が懸念される中，被災によるサプライチェーンの断絶などが起きれば，事業の継続

性に甚大な影響が及ぶおそれがあります。

　もう1つは，移行リスクです。移行リスクは人々の価値観の変化に伴うもので，事業環境に長期的かつ構造的な変化を及ぼす可能性があります。その原因は必ずしも気候関連リスクに限られませんが，気候変動への関心がより一層高まる中，温室効果ガスの排出量が大きい事業を展開する企業に対しては，厳しい評価が下されるようになっています。

図表2-6　気候関連リスク

種類	定義	種類	主な側面・切り口の例
移行リスク	低炭素経済への「移行」に関するリスク	政策・法規制リスク	温室効果ガス排出に関する規制の強化，情報開示義務の拡大等
		技術リスク	既存製品の低炭素技術への入れ替え，新規技術への投資失敗等
		市場リスク	消費者行動の変化，市場シグナルの不透明化，原材料コストの上昇
		評判リスク	消費者選好の変化，業種への非難，ステークホルダーからの懸念の増加
物理的リスク	気候変動による「物理的」変化に関するリスク	急性リスク	サイクロン・洪水のような異常気象の深刻化・増加
		慢性リスク	降雨や気象パターンの変化，平均気温の上昇，海面上昇

出所：環境省「気候関連財務情報開示タスクフォース（TCFD）の概要」26頁をもとに作成

三浦　物理的変化についてのリスクというのはわかりやすいですが，低炭素経済への移行についてのリスクも気候関連リスクの中でカバーされているということですね。

弁護士　少し話はそれますが，台風やさらには新型コロナウイルス感染症も含め，大きな災害や事故が発生した場合には，「影響がないこと」が株価形成に重要な意味を持つこともあります。経済活動が高度化して災害による影響がサプライチェーンを通じて広範囲に及ぶようになったことにより，平時から天災地変に対してどのようなリスクマネジメントが行

われているかが投資判断情報としての重要性を増していくでしょう。

【コーポレートガバナンス・コード補充原則3－1③】
　上場会社は，経営戦略の開示に当たって，自社のサステナビリティについての取組みを適切に開示すべきである。また，人的資本や知的財産への投資等についても，自社の経営戦略・経営課題との整合性を意識しつつ分かりやすく具体的に情報を開示・提供すべきである。
　特に，プライム市場上場会社は，気候変動に係るリスク及び収益機会が自社の事業活動や収益等に与える影響について，必要なデータの収集と分析を行い，国際的に確立された開示の枠組みであるTCFDまたはそれと同等の枠組みに基づく開示の質と量の充実を進めるべきである。

TCFD提言

三浦　2021年6月に改訂されたコーポレートガバナンス・コードの補充原則3－1③では，「プライム市場上場会社は，気候変動に係るリスク及び収益機会が自社の事業活動や収益等に与える影響について，必要なデータの収集と分析を行い，国際的に確立された開示の枠組みであるTCFDまたはそれと同等の枠組みに基づく開示の質と量の充実を進めるべきである」とされています。

弁護士　TCFD（Task Force on Climate-related Financial Disclosures：気候関連財務情報開示タスクフォース）は，投資家などによる企業の気候変動に関する重大なリスクの判断を容易にするため，金融安定理事会（FSB）により，気候変動に関する企業の取組みの情報開示を充実させる目的で設立された国際的組織です。

　2017年6月にTCFDが公表した最終報告書（TCFD提言）において，企業が任意に行う気候関連のリスクおよび機会に関する情報開示のフレームワークが示されています。

三浦　「フレームワーク」とはどういうことでしょうか。

弁護士 　TCFD提言は，開示情報利用者のニーズと開示情報作成者の直面する課題とのバランスを取りつつ考案された，任意開示を前提とするプリンシプル・ベースの枠組みです。プリンシプル・ベースでの情報開示が促進されることにより，気候変動に係るリスクが考慮された効率的な資本配分が可能となり，より持続的な低炭素経済への円滑な移行が実現されることが意図されています。

　このような国際的に確立された枠組みであるTCFD提言に沿った情報開示が2050年のカーボンニュートラルに向けた足がかりとなることが期待され，改訂コーポレートガバナンス・コードでは，海外の機関投資家を含め，多くの機関投資家の投資対象となるのにふさわしいプライム市場上場会社に適用されることになったものといえます。

三浦 　TCFD提言では具体的にどのような開示が求められているのでしょうか。

弁護士 　4つの開示基礎項目として，①気候関連リスクと機会に関する組織のガバナンス，②組織の事業・戦略・財務への影響，③気候関連リスクの識別・評価・管理の状況，そして，④気候関連リスクと機会の評価・管理に用いる指標と目標があります（【図表2-7】）。

　また，これらの4つの開示基礎項目において推奨される開示内容についても定められています。

三浦 　2021年4月に公表されたスチュワードシップ・コードおよびコーポレートガバナンス・コードのフォローアップ会議の「コーポレートガバナンス・コードと投資家と企業の対話ガイドラインの改訂について」と題する提言でも「気候変動に関する開示については，現時点において，TCFD提言が国際的に確立された開示の枠組みになっている」とされていますが，なぜTCFD提言が国際的に確立された枠組みとなっているのでしょうか。

弁護士 　TCFD提言は，4つの開示基礎項目における推奨される開示内容として，すべての企業に対し，①2℃目標等の気候シナリオを用いて，②

図表2-7　TCFDの開示基礎項目と推奨される開示内容

最上位

ガバナンス	気候関連リスクと機会に関する組織のガバナンス	✓ リスクと機会に対する取締役会の監督体制 ✓ リスクと機会を評価・管理する上での経営者の役割
戦略	組織の事業・戦略・財務への影響（重要情報である場合）	✓ 短期・中期・長期のリスクと機会 ✓ 事業・戦略・財務に及ぼす影響 ✓ 2℃目標等の様々な気候シナリオを考慮した組織戦略の強靭性
リスク管理	気候関連リスクの識別・評価・管理の状況	✓ リスク識別・評価のプロセス ✓ リスク管理のプロセス ✓ 組織全体のリスク管理への統合状況
指標と目標	気候関連リスクと機会の評価・管理に用いる指標と目標（重要情報である場合）	✓ 組織が戦略・リスク管理に即して用いる指標 ✓ 温室効果ガス排出量（スコープ１，２，３） ✓ リスクと機会の管理上の目標と実績

出所：環境省「気候関連財務情報開示タスクフォース（TCFD）の概要」6頁をもとに作成

　自社の気候関連リスク・機会を評価し，③経営戦略・リスク管理に反映し，④その財務上の影響を把握，開示することを求めています。

　つまり，TCFD提言のポイントは，「気候変動による財務への影響の開示」ということになります。

三浦　「財務への影響」とはどういうことでしょうか。

弁護士　気候関連のリスクの多くは外部不経済であるため定量化が難しいことから，気候変動に係る情報は非財務情報とされているわけですが，投資者としては，適切に投資判断を行うため，その財務的な影響を把握できるようになっているのが望ましいところです。

　そこで，TCFD提言は，シナリオ分析により，非財務情報である気候変動に係る情報について，財務的な影響を把握できるようにする方向性を示しています。

三浦　その具体的な内容が，①シナリオ分析を用いて，②気候関連のリスクと機会を評価し，③経営戦略やリスク管理に反映したうえで，④その財務上の影響を開示するということですね。

弁護士 TCFD提言では，こうした財務への影響について，キャッシュフロー計算書，貸借対照表，損益計算書に展開するチャート【図表2-8】を示しています。

図表2-8 気候関連リスクと機会が与える財務影響（全体像）

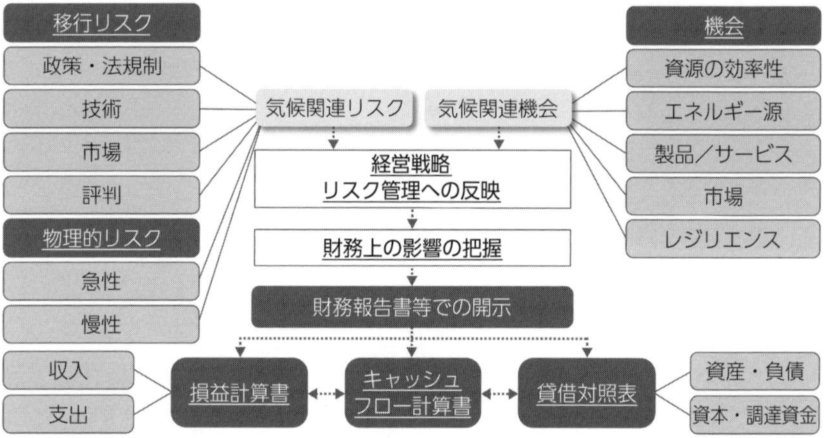

出所：環境省「TCFDを活用した経営戦略立案のススメ～気候関連リスク・機会を織り込むシナリオ分析実践ガイド ver3.0～」1-22頁をもとに作成

弁護士 このように，TCFD提言は，気候変動に係る情報について，シナリオ分析によって財務と非財務のギャップをうめることを目指しているところ，投資者にとっては，本来的には非財務的なリスクを定量化でき，投資判断に有益であることから，TCFD提言が国際的に確立された枠組みになっているというわけです。

なお，シナリオ分析は将来予測ですので，どのシナリオを使うのか，また，どのような前提条件を設定するのかによって財務への影響も変わってくることになります。気候変動に係る情報の分析や開示にあたっては，この点に留意する必要があります。

TCFD提言の枠組みに基づく開示

三浦　TCFD提言に基づく情報開示が重要であることは理解しましたが，実務的にはどこまで開示を行うことになるのでしょうか。

弁護士　コーポレートガバナンス・コードはプリンシプルベース・アプローチであり，どのような開示をするかは各社の状況にもよりますが，TCFD提言に基づく開示にあたっては，単に開示項目を示すにとどまることなく，各開示基礎項目において推奨される開示内容を踏まえ，気候関連リスクと機会の考え方に基づく具体的な説明を示すことが望ましいとされています。

　また，シナリオ分析の開示にあたっては，単にシナリオ分析を行っている旨を示すにとどまることなく，重要なシナリオの前提条件も含めたシナリオ分析を示すことが望ましく，さらに，サステナビリティ報告書や統合報告書を参照すべき旨およびその閲覧方法を記載する方法が考えられるとされています。

三浦　どのような場合にコンプライになると考えられるのでしょうか。

弁護士　先ほどのとおり，シナリオ分析によって本来的には非財務的なリスクを定量化できるようにするというTCFD提言の意義に鑑みると，シナリオ分析を踏まえた気候変動に係るリスクと機会についての定量的な分析と開示は必要と考えられます。

　そのうえで，開示基礎項目とされている気候変動に係るリスクと機会についてのガバナンスや経営戦略・リスク管理，指標と目標を具体的に説明している場合には，推奨されている開示内容のすべてが必ずしもカバーされていなかったとしても，コンプライといえると整理できるのではないでしょうか。

　なお，東京証券取引所のFAQでは，「TCFDまたはそれと同等の枠組みに基づく開示の質と量の充実」の「実施」にあたっては，「気候変動が事業活動に与える影響は，各社の業種や事業特性に応じて異なるもの

と想定されることから，各社においてはTCFD提言の枠組みを参照しながら，自社に必要と考えられる項目から順次開示を進めることで差し支えないものと考えられます」とされています。

三　浦　具体的にはどのような開示が考えられるのでしょうか。

弁護士　たとえば，アサヒグループホールディングスによるTCFD提言に基づく開示（**【図表2-9】**）では，まず，TCFD提言の開示基礎項目であるガバナンス，リスク管理，指標と目標，戦略についての概要を説明しています。

　そして，シナリオ分析の結果，大きな影響を受けるリスクとして「主要農産物原料の収量減少」と「炭素税導入によるコスト増加リスク」を特定し，定量的に分析・試算したうえで，それらのリスクに対する対応策の方向性として，前者については「サプライヤーとの協働」，「農家支援」，「自社技術の活用」，また，後者については「2030年CO 2 排出量目標を上方修正」，「自社技術の活用」，「リサイクルPETへの切替え」，「PETボトルの軽量化」を具体的に説明していることが参考になります。

図表2-9　アサヒグループホールディングスによるTCFD提言に基づく開示

気候変動への取組み～TCFD提言への取組み深化～

アサヒグループは、気候変動によるリスクと機会に関連する事業インパクトの評価及び対応策の立案が、持続可能な社会の実現及び事業の持続可能性に不可欠であると認識し、「気候関連財務情報開示タスクフォース（TCFD）」提言への賛同を表明しています。

2019年にビール事業、2020年にビールを含む全酒類事業及び飲料事業に対象を拡大してシナリオ分析を行い、2021年には食品事業を含む主要事業を対象にシナリオ分析を実施する計画です。

ガバナンス

　アサヒグループでは気候変動をサステナビリティの重要課題として捉え、CEOが委員長となる「グローバルサステナビリティ委員会」において戦略を構築するとともに、取締役会に報告の上、取締役会の監督のもと、PDCAの強化を図っています。2020年12月に実施した「グローバルサステナビリティ委員会」において、各Regional HeadquartersのCEOを含むメンバーが2030年のグループのCO$_2$排出量削減目標について活発な議論を行いました。その結果、目標値の上方修正を決定し、積極的な取組みの推進にコミットしました。

「グローバルサステナビリティ委員会」の詳細はP.50をご覧ください。　 **P.50**

リスク管理

　アサヒグループは2020年に策定した「アサヒグループ リスクアペタイト ステートメント」の中で、自然環境に影響を与えるリスクを低減する取組みを進めることを宣言しています。エンタープライズリスクマネジメント（以下、ERM）において「気候変動」をグループの主要リスクとして扱い、ERM体制下でPDCAサイクルを回しながら、2020年に刷新したサステナビリティ推進体制とERMを連動させることにより、グループ全体でのリスクマネジメントを行っています。

気候変動関連リスクとERMとの連動に関する詳細は、P.94をご覧ください。　 **P.94**

指標と目標

　アサヒグループでは、CO$_2$排出量削減の中長期目標「アサヒカーボンゼロ」を制定・公表しており、2050年にCO$_2$排出量ゼロを目指しています。この達成確度を上げるために、2021年2月に2030年の目標を50％削減（2019年比）に上方修正するとともに、RE100への参画やSBT1.5℃認証の取得など、ロードマップを更新して取組みを進めています。そのほか、農産物原料・容器包装・水などの資源についても持続可能な利用を実現する施策を掲げ、取組みを推進しています。

具体的な指標と目標に関する詳細は、P.20をご覧ください。　 **P.20**

戦略

　2020年は、シナリオ分析の対象事業の拡大及び分析の高度化を試みました。より広範囲で精度の高いシナリオ分析を行った結果、重要な原料である農産物の収量減及び炭素税の導入に伴う生産・容器購入コストの上昇といった影響・リスクが明確になりました。

　一方で、リスクに対する緩和策や適応策を強化することで、このような影響を低減して機会を獲得できる可能性も見えてきており、これらの分析結果を「アサヒグループ環境ビジョン2050」に沿って、KPIの設定及び目標達成のためのロードマップに反映していきます。

シナリオ分析の結果と対応策の方向性

　2019年と同様に、IPCC及びIEAを参照した2℃未満シナリオ／4℃シナリオをもとに気候変動リスクを分析した結果、アサヒグループの主要農産物原料の収量減及び炭素税導入による生産コスト・容器購入価格の上昇という2つの大きな影響を受けることが確認できました。

主要農産物原料の収量減少に関するリスクと対応策

リスク ▶ **当社主要農産物原料の収量減少**

　4℃シナリオの場合、トウモロコシとコーヒーにおいて大幅に収量が減少することがわかりました。価格推計モデルを用いて、その影響額を試算しました。

2050年時点におけるシナリオ別収量予測（現在収量比）

現在比-15%以上

ビール主原料

品目	生産国	2℃シナリオ	4℃シナリオ
大麦	カナダ(春)	+1%	+2%
	フランス(春)	-10%	-18%
	フランス(冬)	-5%	-10%
	ドイツ東部(冬)	+8%	+19%
	オーストラリア	-7%	-13%
	チェコ(春)	+18%	+7%
ホップ	チェコ(収量)	-5%	-7%
	チェコ(品質)	-13%	-25%

酒類・飲料共通原料

品目	生産国	2℃シナリオ	4℃シナリオ
トウモロコシ **19.7億円**	アメリカ	-12%	-24%
	ブラジル	-3%	-9%
	アルゼンチン	-9%	-16%
	中国	0%	-10%
	ウクライナ	-17%	-26%
	オーストラリア	-13%	-27%

飲料・その他酒類主原料

品目	生産国	2℃シナリオ	4℃シナリオ
砂糖	オーストラリア	+1%	+2%
	ブラジル	+3%	+12%
	インド	0%	-3%
	日本	+2%	+21%
	タイ	-26%	-45%
生乳	オーストラリア	-9%	-19%
	アメリカ	-6%	-11%
	日本	-2%	-3%
	ニュージーランド	-2%	-2%
コーヒー **26.6億円**	ブラジル	-8%	-23%
	コロンビア	-4%	-15%
	グアテマラ	-11%	-17%
	タンザニア	-2%	-9%
	エチオピア	-8%	-25%
	ベトナム	-9%	-24%
	インドネシア	-10%	-30%

── 収量減による定量的なリスク ──

トウモロコシ価格の見通し

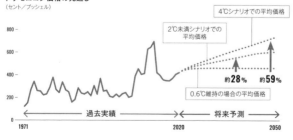

（セント／ブッシェル）

4℃シナリオでの平均価格
2℃未満シナリオでの平均価格
約28%　約59%
0.6℃維持の場合の平均価格

← 過去実績 → ← 将来予測 →
1971　2020　2050

需給バランス
×
1人当たりGDP
×
前年市況

過去実績から需給バランス・1人当たりGDP・前年市況などのトウモロコシ価格の変動要因を用いた計算式を構築し、これをもとに将来価格を算出しました。

| 対応策 | ▶ 農産物収量減に対する対応策の方向性 |

アサヒグループは主要農産物の収量減のリスクに対して、以下の施策に取り組んでいます。

サプライヤーとの協働

　農産物に関するリスクをサプライヤーへ共有し、気候変動に対応可能な品種の改良や、現在使用している素材の代替品の開発を検討しています。また今後、アサヒグループとサプライヤーとの協力関係を強化し、これまで以上に将来的な収量減に対応するための各施策の実行を進めていきます。

農家支援

　アサヒグループはイタリアにおいて製品の原料となる大麦の農家を支援しているほか、チェコにおいてホップ栽培のスマート農業化を進めるパイロット試験に取り組むなどしています。

イタリア ビッラ・ペローニ社

自社技術の活用

　アサヒグループは、ビール酵母細胞壁を活用した農業資材を開発しています。この資材は植物の発根を促進させる効果があり、これを活用することで農産物の気候変動による環境変化への対応力向上が期待できます。すでにさまざまな農産物で実績があり、今後この農業資材の活用を拡大するとともに、応用研究を進めていきます。

酵母細胞壁活用による発根促進

炭素税導入に関するリスクと対応策

| リスク | ▶ 炭素税導入によるコスト増加リスク |

　炭素税が導入された場合の、直接操業にかかる生産コストの上昇及びPETボトル購入価格への転嫁によるコスト上昇について試算を行いました。

生産コストへの影響

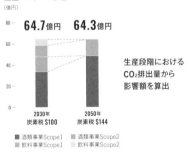

PETボトル価格転嫁への影響

対応策 ▶ 炭素税導入による生産コスト増加への対応策の方向性

アサヒグループは、すでにCO_2排出量削減に向けた高い目標を掲げて野心的に取り組んでいます。

2030年CO_2排出量削減目標を上方修正

2050年までのCO_2排出量ゼロの達成に向けて取組みを加速させるために、2030年の目標値を従来の30%削減から50%削減に上方修正しました。これにより、取り組まなかった場合と比較して2030年には22.3億円、2050年には64.3億円全額の削減効果があることを確認しています。アサヒグループが現在取り組んでいる戦略は気候変動によるコストの上昇への耐性が高く、レジリエンスの観点からも適切と認識しています。

自社技術の活用

脱炭素に向けた取組みとして、CO_2排出量削減の新たなモデルとなりうるビール工場排水由来のバイオメタンガスを利用した燃料電池による発電の実証事業を、アサヒビール（株）茨城工場にて開始しています。

対応策 ▶ 炭素税導入によるPETボトル価格転嫁への対応策の方向性

アサヒグループは、グループ全体で「3R+Innovation」の目標を掲げ、容器包装による環境負荷低減に取り組んでいます。

リサイクルPETへの切替え

すでに豪州においてリサイクルPET100％のミネラルウォーター『Cool Ridge』を発売しています。国内では、2019年7月から『カルピスウォーター』などでリサイクルPETの使用を開始しています。今後も3Rの取組みに加え、他社とのアライアンス強化により、マイナス影響を極小化していきます。

PETボトルの軽量化

アサヒグループの事業会社では、継続してPETボトルの軽量化に取り組むとともに、代替容器の検討やバイオマス素材のPETボトルの採用拡大についても検討を進めています。

出所：アサヒグループホールディングス株式会社「ASAHI GROUP INTEGRATED REPORT 2020」28〜31頁

┃サステナビリティに関する情報開示基準の統一化

三浦　コーポレートガバナンス・コードの補充原則3-1③では「TCFD
またはそれと同等の枠組み」とされていますが、「同等の枠組み」とは
何を意味しているのでしょうか。

弁護士　サステナビリティに関する情報開示基準としては、TCFD提言のほ
かにもGRIスタンダードやSASBスタンダードなど多数のものがあり
（【図表2-10】）、それぞれの基準は相互補完的であり排他的ではないと
もいわれていますが、共通した定義がないこと、形式・指標・利用者・
対象範囲が異なることなどから、企業、投資者それぞれから利便性の向
上を求める声が上がっているところです。

　このような背景のもと、2021年11月、IFRS（International Financial
Reporting Standards：国際会計基準）財団は、サステナビリティに関
する国際的な開示基準を策定するための新たな基準設定主体として国際
サステナビリティ基準審議会（ISSB）を設立し、2022年6月をめどに
世界共通の基準の策定を進めるなど、基準の統一化に向けた動きがあり、
そのような基準を将来的に使っていくことも考えられます。

　なお、東京証券取引所のFAQでは、「現在、IFRS財団により検討が
進められているサステナビリティ開示の統一的な枠組みが策定された場
合に、「TCFDと同等の枠組み」に該当することが想定されます。現時
点では、補充原則3-1③後段において想定される開示の枠組みは、
TCFD提言のみとなります」とされており、国際的な情報開示基準がす
べて「TCFDと同等の枠組み」に該当するわけではないことには留意が
必要です。

図表2-10　非財務情報の開示に係る国際的枠組み

	TCFD提言	SASBスタンダード	GRIスタンダード	国際統合報告 フレームワーク
策定 主体	TCFD	SASB	GRI	IIRC
	金融安定理事会（FSB）の 下に設置された民間主導の タスクフォース	米の民間非営利組織	蘭のNGO団体	英の民間非営利組織
概要	気候変動の影響が企業財務 にもたらすリスクと機会を、 投資家等に報告するための 枠組み	サステナビリティ（ESG等） に係る課題が企業財務にも たらす影響を、投資家等に 報告するための枠組み	企業が経済、環境、社会に 与える影響を、投資家を含 むマルチステークホルダー に報告するための枠組み	企業の財務情報とサステナ ビリティを含む非財務情報 について、投資家等に対し 統合的に報告するための枠 組み
特徴	原則主義	細則主義	細則主義	原則主義
報告 内容	・ガバナンス ・戦略 ・リスク管理 ・指標と目標	11のセクター、77の業種 別に開示項目及びKPIを設 定 （例） ・温室効果ガス排出量 ・労働災害事故発生割合	経済、環境、社会それぞれ について開示項目及びKPI を設定 （例） ・排水の水質及び排出先 ・基本給と報酬総額の男女 比	・組織概要と外部環境 ・ガバナンス ・ビジネスモデル ・リスクと機会 ・戦略と資源配分 ・実績 ・見通し　等
公表	2017年	2018年	2000年	2013年

（注1）2021年6月、SASBとIIRCが統合し、価値報告財団：Value Reporting Foundation（VRF）が設立された

（注2）上記団体の他、英NGO団体であるCDPは、企業が気候変動、水、森林に与える影響を情報収集するため、企業に質問票を送付しその回答に基づいて企業のスコアリング、及びその結果を公表している
金融審議会「ディスクロージャーワーキング・グループ（第2回）」事務局説明資料（2）（サステナビリティに関する開示（1））12頁をもとに作成

（三浦）　基準を統一することにはどのようなメリットがあるのでしょうか。

（弁護士）　開示基準が統一されれば、企業が都合のよい数字だけを選んで開示することを防げるようになり、投資家は企業の取組みを比較しやすくなります。また、企業としても、投資家と目標を共有することで、ESGの開示を充実させるインセンティブが働くことにもなります。

コーポレート・ガバナンスに関する報告書の記載

（三浦）　サステナビリティに関する取組みについて、コーポレート・ガバナンスに関する報告書では具体的にどのような開示が求められているのでしょうか。

弁護士　コーポレート・ガバナンスに関する報告書の記載要領において，「補充原則3－1③前段の「自社のサステナビリティについての取組み」の開示にあたっては，他の開示場所を参照すべき旨，及びその閲覧方法を本欄に記載する方法とする場合を含め，開示において参照した枠組み等があるときは，その名称について記載することが望まれます」とされているように，コーポレート・ガバナンスに関する報告書に詳細を記載することまでは必ずしも求められていません。

　開示すべき内容をコーポレート・ガバナンスに関する報告書に直接記載する方法のほか，有価証券報告書，統合報告書，自社のウェブサイト等で開示している場合にその内容を参照すべき旨と閲覧方法（ウェブサイトのURLなど）を記載することも差し支えないとされています。

三浦　すべてをコーポレート・ガバナンスに関する報告書に記載する必要はないということですね。

弁護士　たとえば，丸井グループのコーポレート・ガバナンスに関する報告書（【図表2-11】）では，サステナビリティをめぐる課題への取組みについて，サステナビリティ委員会の設置やTCFD提言を踏まえた情報開示を行っていることを簡潔に説明したうえで，詳細が記載されている統合報告書や有価証券報告書のウェブサイトURLを記載しています。

　また，「知的財産への投資は特に該当しないため，開示は行っておりません」と明示することで，開示をしていないのか，それとも，そもそも開示の対象となる事項に該当しないのかがわかるようにするという投資者目線での記載があることも参考になります。

図表2-11　丸井グループのサステナビリティをめぐる課題への取組み等に関する開示

原則2-3　社会・環境問題をはじめとするサステナビリティを巡る課題
補充原則2-3-1　サステナビリティを巡る課題への取り組み
補充原則3-1-3　自社のサステナビリティへの取り組み、人的資本・知的財産への投資などの情報開示

　当社では、2016年から環境への配慮、社会的課題の解決、ガバナンスへの取り組みがビジネスと一体となった未来志向の共創サステナビリティ経営への第一歩を踏み出しました。それまで取り組んできた「すべての人」に向けたビジネスを「インクルージョン（包摂）」というテーマでとらえ直し、重点テーマを整理し、取り組みを進めてきました。これらは、国連の持続可能な目標「SDGs（Sustainable Development Goals）」の実現にも寄与するものです。
　そして、2019年には本格的な共創サステナビリティ経営に向け、2050年を見据えた長期ビジョン「丸井グループビジョン2050」を策定し、「ビジネスを通じてあらゆる二項対立を乗り越える世界を創る」ことを宣言しました。
　また、共創サステナビリティ経営の推進を目的に、2019年5月、取締役会の諮問機関としてサステナビリティ委員会を設置し、委員会内に関連リスクの管理および委員会が指示した業務を遂行する機関、環境・社会貢献推進分科会を設置しました（環境・社会貢献推進分科会は、2021年4月よりESG・情報開示分科会と名称を改めています）。
　2021年3月期は、8月と3月に委員会を開催し、3月には、委員会で議論された、今後の丸井グループらしいグリーンビジネスやサステナビリティガバナンスについて取締役会に報告いたしました。今後も定期的に、グループ全体を通じたサステナビリティ戦略および取り組みを取締役会に報告、提言を行う予定です。
　サステナビリティ委員会は、取締役会が執行役員の中から選任したメンバーおよびその目的に照らし取締役会が適切と認めて選任したメンバーにより構成しており、2021年6月からは、グローバルレベルのサステナビリティ経営に関する高い知見を有しているピーターD. ピーダーセン氏を新たに社外取締役に迎え、サステナビリティ委員会のメンバーに加わることで、一層の取り組み強化を図ってまいります。
　事業戦略の策定や投融資等に際しては、こうした体制を基に、「グループ行動規範」や「丸井グループ環境方針」をはじめとした関連する方針、社会・環境問題にかかわる重要事項を踏まえ、総合的に審議決定することで、社会・環境問題に関するガバナンスの強化を進めていきます。
　2021年には新たに2026年3月期を最終年度とする5ヵ年の中期経営計画の策定に際し、「丸井グループビジョン2050」に基づき、サステナビリティとウェルビーイングに関わる目標を「インパクト」として定義しました。インパクトは「丸井グループビジョン2050」に定める取り組みをアップデートし、「将来世代の未来を共につくる」「一人ひとりの幸せを共につくる」「共創のプラットフォームをつくる」という共創をベースとする3つの目標を定め、それぞれ重点項目、取り組み方法、数値目標に落とし込んでいきます。このうち主要な取り組み項目は、中期経営計画の主要KPIとして設定しています。
　気候変動は、もはや気候危機としてとらえるべきことであり、当社は、重要な経営課題と認識し、パリ協定が示す「平均気温上昇を1.5℃に抑えた社会」の実現をめざしています。「丸井グループ環境方針（2020年4月改定）」に基づき、パリ協定の長期目標を踏まえた脱炭素社会へ積極的に対応すべく、ガバナンス体制を強化するとともに、事業への影響分析や気候変動による成長機会の取り込みおよびリスクへの適切な対応への取り組みを推進しています。当社はFSB（金融安定理事会）により設立されたTCFD（気候関連財務諸表開示タスクフォース）による提言に賛同し、有価証券報告書（2019年3月期）にて、提言を踏まえ情報を開示しました。さらに分析を重ね、有価証券報告書（2020年3月期）にて、気候変動による機会および物理的リスクなどの内容を拡充しました。今後も情報開示の充実を図るとともに、TCFD提言を当社の気候変動対応の適切さを検証するベンチマークとして活用し、共創サステナビリティ経営を進めていきます。加えて、当社ウェブサイトでは、環境・社会・ガバナンスの各項目における取り組みを「ESGデータブック」としてとりまとめ、レビューとともに開示、また、「丸井グループビジョン2050」に定めた取り組みの進捗についても開示をしております。
　当社の「共創サステナビリティ経営」の取り組み、および「グループ行動規範」、各方針の詳細につきましては、当社ウェブサイトに掲載の「共創経営レポート」「VISION BOOK 2050」「丸井グループ方針一覧」「長期目標の進捗」をご覧ください。また、人的資本への投資等の無形投資に関する情報は、「FACTBOOK」にて開示しております。
　（知的財産への投資は特に該当しないため、開示は行っておりません）。

共創経営レポート
（https://www.0101maruigroup.co.jp/ir/pdf/i_report/2020/i_report2020_a3.pdf）

VISION BOOK 2050
（https://www.0101maruigroup.co.jp/sustainability/pdf/s_report/2018/s_report2018_a3.pdf）

長期目標の進捗
（https://www.0101maruigroup.co.jp/sustainability/vision2050/progress_01.html）

丸井グループ方針一覧
（https://www.0101maruigroup.co.jp/sustainability/theme04/risk.html#risk1URL）

有価証券報告書
（https://www.0101maruigroup.co.jp/pdf/settlement/0210gfe0.pdf）

ESGデータブック
（https://www.0101maruigroup.co.jp/sustainability/lib/databook.html）

FACTBOOK
（https://www.0101maruigroup.co.jp/pdf/settlement/factbook_2021g.pdf）

出所：株式会社丸井グループ，2021年8月5日付「コーポレート・ガバナンスに関する報告書」2〜3頁

（三　浦）　投資者にとって不正確な開示となりかねない転記ミスを防ぐという観点からは，参照方式も有用ですね。

（弁護士）　ただ，「企業においては，投資家等の関係者にとってわかりやすい開示を心がけていただくことが重要となります」とのパブリックコメントに対する東京証券取引所の回答もありますし，また，総覧性の観点から，コーポレート・ガバナンスに関する報告書にできるだけ記載をまとめてもらいたいと考える機関投資家も少なからずいることには留意しておきましょう。

シングルマテリアリティとダブルマテリアリティ

（三　浦）　サステナビリティにおけるマテリアリティには2種類あると聞きました。

（弁護士）　シングルマテリアリティとダブルマテリアリティですね。シングルマテリアリティは財務的な重要性についてのものであるのに対し，ダブルマテリアリティは財務に加え，環境や社会にとっての重要性も含めたものです。欧州を中心にダブルマテリアリティの考え方を取り入れている企業もあります。

　また，サステナビリティに関する項目は，時間の経過とともに企業価値に影響を与え，財務諸表にも取り込まれるものであるというダイナミックマテリアリティという考え方もあります。

　【図表2-12】は，非財務情報の開示を企業に求める欧州の「非財務情報開示指令」の気候変動開示に関するガイダンス案に記載されているものですが，欧州では，気候変動が企業に与える影響のみならず，企業が環境に与える影響についての開示も求められています。

　このように，欧州では投資家にとっての重要性と環境にとっての重要性の2つの観点から開示が求められており，情報開示の要求内容の合理性が説明しにくいものとなっているところではあります。

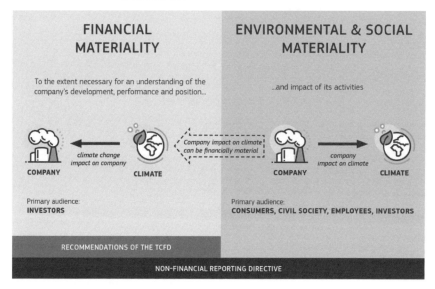
図表2-12　マテリアリティの概念図

出所：European Commission「Guidelines on non-financial reporting: Supplement on reporting climate-related information」7頁

三　浦　シングルマテリアリティとダブルマテリアリティのどちらが基本となるのでしょうか。

弁護士　誰のための開示かという観点から考えましょう。地球が開示内容を見ることはない以上，まずは投資家にとっての重要性の観点から，つまり，財務的な重要性についての開示が軸となるのではないでしょうか。2021年6月に改訂されたコーポレートガバナンス・コードでも，サステナビリティをめぐる課題については中長期的な企業価値向上の観点から取組みを進める必要があることが強調されており，シングルマテリアリティの考え方が軸にされています。

　　ただ，欧州の機関投資家はダブルマテリアリティの考え方に慣れているということには留意しておく必要があります。

コーポレート・ガバナンスに関する報告書の提出タイミング

三　浦　コーポレート・ガバナンスに関する報告書はどのタイミングで提出すべきでしょうか。一般的には定時株主総会後に提出していることが多いです。

弁護士　実務上，コーポレート・ガバナンスに関する報告書は，通常，定時株主総会後に提出していることが多いでしょうから，あまり意識することがないかもしれませんが，上場規則では，コーポレート・ガバナンスに関する報告書は，その内容に変更が生じた場合には遅滞なく変更後のコーポレート・ガバナンスに関する報告書を取引所に提出すると定められています。

三　浦　重要な変更があったときには投資者にその都度知らせるようにするということですね。

弁護士　コーポレート・ガバナンスに関する報告書は，機関投資家との対話などによってコーポレート・ガバナンスに関する事項についてアップデートがあった場合，次の定時株主総会を待つまでもなく，その都度，投資者に会社の姿勢を表明することができるという点で優れています。たとえば，サステナビリティ委員会を設置したといった場合には，コーポレート・ガバナンスに関する報告書を更新して取引所に届け出るのがよいでしょう。

　また，機関投資家からは，議決権行使の参考とするため，定時株主総会前にコーポレート・ガバナンスに関する報告書が更新されることが望ましいとの指摘もありますので，内容によっては定時株主総会前にコーポレート・ガバナンスに関する報告書を更新しておくことも考えられます。

【有価証券上場規程419条（コーポレート・ガバナンスに関する報告書）】

1　上場会社（その発行する上場外国株券等が当取引所以外を主たる市場とする上場外国会社を除く。）は，施行規則で定めるコーポレート・ガバナンスに関する事項について記載した報告書の内容に変更が生じた場合には，遅滞なく変更後の報告書を提出するものとする。この場合において，当該上場会社は，当該変更後の報告書を当取引所が公衆の縦覧に供することに同意するものとする。

2　前項前段の場合において，当該変更の内容が施行規則で定める事項に関するものであるときには，当該変更が生じた後最初に到来する定時株主総会の日以後遅滞なく変更後の報告書の提出を行うことができるものとする。

【有価証券上場規程施行規則415条（コーポレート・ガバナンスに関する報告書の取扱い）】

1　規程第419条第1項に規定する施行規則で定めるコーポレート・ガバナンスに関する事項とは，次の各号に掲げる事項をいう。ただし，第2号及び第6号にあっては，上場会社が内国株券の発行者である場合に限る。

（1）コーポレート・ガバナンスに関する基本的な考え方及び資本構成，企業属性その他の上場会社に関する基本情報（支配株主を有する場合は，当該支配株主との取引等を行う際における少数株主の保護の方策に関する指針を含み，上場子会社を有する場合は，グループ経営に関する考え方及び方針を踏まえた上場子会社を有する意義及び上場子会社のガバナンス体制の実効性確保に関する方策を含む。）

（2）規程別添「コーポレートガバナンス・コード」に関する事項（規程第436条の3に規定する同別添の各原則を実施しない理由を含む。）

（3）経営上の意思決定，執行及び監督に係る経営管理組織その他のコーポレート・ガバナンス体制の状況及び当該体制を選択している理由

（4）株主その他の利害関係者に関する施策の実施状況

（5）内部統制システムに関する基本的な考え方及びその整備状況（反社会的勢力排除に向けた体制整備に関する内容を含む。）

（6）独立役員の確保の状況（独立役員として指定する者が，次のaからjまでのいずれかに該当する場合は，その旨及びその概要を含む。）

　　a　過去に当該会社又はその子会社の業務執行者（会社法施行規則（平成18年法務省令第12号）第2条第3項第6号に規定する業務執行者をいう。以下同じ。）であった者（社外監査役を独立役員として指定する場合にあっては，業務執行者でない取締役であった者又は会計参与であった者を含む。）

b　過去に当該会社の親会社の業務執行者であった者（業務執行者でない取締役であった者を含み，社外監査役を独立役員として指定する場合にあっては，監査役であった者を含む。）

c　過去に当該会社の兄弟会社の業務執行者であった者

d　過去に当該会社を主要な取引先とする者の業務執行者であった者又は当該会社の主要な取引先の業務執行者であった者

e　当該会社から役員報酬以外に多額の金銭その他の財産を得ているコンサルタント，会計専門家又は法律専門家（法人，組合等の団体であるものに限る。）に過去に所属していた者

f　当該会社の主要株主（当該主要株主が法人である場合には，当該法人の業務執行者等（業務執行者又は過去に業務執行者であった者をいう。）をいう。）

g　aから前fまでに掲げる者（重要でない者を除く。）の近親者

h　当該会社の取引先又はその出身者（業務執行者又は過去10年内のいずれかの時において業務執行者であった者をいう。以下同じ。）

i　当該会社の出身者が他の会社の社外役員である場合の当該他の会社の出身者

j　当該会社から寄付を受けている者（当該寄付を受けている者が法人，組合等の団体である場合は，出身者又はそれに相当する者をいう。）

（7）その他当取引所が必要と認める事項

2　規程第419条第2項に規定する施行規則で定める事項とは，前項第1号に掲げる事項のうち資本構成及び企業属性に関する事項，前項第2号に掲げる事項及び投資者の投資判断に及ぼす影響が軽微なものとして当取引所が認める事項をいう。

人的資本に関する情報開示

（三　浦）　サステナビリティに関連して，2021年6月に改訂されたコーポレートガバナンス・コードの補充原則2-4①では，「上場会社は，女性・外国人・中途採用者の管理職への登用等，中核人材の登用等における多様性の確保についての考え方と自主的かつ測定可能な目標を示すとともに，その状況を開示すべきである。また，中長期的な企業価値の向上に向けた人材戦略の重要性に鑑み，多様性の確保に向けた人材育成方針と

社内環境整備方針をその実施状況と併せて開示すべきである」とされていますが，この開示についてはどう対応すべきでしょうか。

弁護士 「多様性の確保の自主的かつ測定可能な目標」の開示に関しては，特定の形式での開示は求められていないため，コンプライするにあたってどのような形式で目標を示すかは各社にゆだねられているところです。

　もっとも，「測定可能」といえるためには，事後的に目標の達成状況を測定できる内容であることが必要と考えられ，たとえば，特定の数値を用いて目標を示す方法のほか，「程度」というレンジ・範囲を用いて示す方法，現状の数値を示したうえで，「現状を維持」，「現状より増加させる」といった目標を示す方法などが考えられます。

　また，必達目標として示すことが困難な場合には，努力目標を示す方法も考えられます。

三　浦 何らかの目標を示すということですね。

弁護士 丸井グループのコーポレート・ガバナンスに関する報告書（**【図表2-13】**）では，女性の活躍推進等について，自社の企業価値と結びついた多様性についての目標値と実績を開示していることが参考になります。

　また，未達成の目標についても言及し，具体的な取組み項目の策定やその取組み項目の目標の再設定をしていることを開示することで，取組みの進展・進捗，実践からの学び，それらを活かした改善を株主や投資者が把握できるようにしていることも参考になります。

図表2-13	丸井グループによる中核人材の登用等における多様性の確保に関する開示

原則2−4　女性の活躍推進を含む社内の多様性の確保
補充原則2−4−1　中核人材の登用等における多様性の確保
　当社では、「個人の中」「男女」「年代」の3つの多様性を掲げ、違う個性を持つ約4,900人の社員が互いに認め合い、世の中の変化やニーズに目を向けて、さまざまな価値観を融合させることで、知の掛け合わせから必ずイノベーションを創出できると考えています。
　社員一人ひとりが個性を発揮してイキイキと活躍する姿の実現に向けて、「多様性推進」の3つのテーマを掲げ、取り組みを進めています。

・一人ひとりが個性を認め合い尊重する風土づくり
・一人ひとりの活躍を支える制度
・多様性推進を活かすためのマネジメント変革

　また、2014年3月期より、女性の活躍の重点指標を「女性イキイキ指数」として設定し、「意識改革・風土づくり」と「女性の活躍推進」の2つの視点で2021年3月期までの目標数値を掲げました。

【女性イキイキ指数　〜2021年3月期】
・意識改革・風土づくり

項目	女性活躍浸透度	女性の上位職指向	男性社員育休取得率
2014年3月期(実績)	37%	41%	14%
2021年3月期(実績)	99%	70%	100%
2021年3月期(目標値)	100%	80%	100%

※女性活躍浸透度：女性の活躍や多様性推進の目的・必要性を理解していると回答した社員の割合

・女性の活躍推進

項目	育児フルタイム復帰率	女性リーダー数	女性管理職数	女性管理職比率
2014年3月期(実績)	36%	545人	24人	7%
2021年3月期(実績)	59%	668人	50人	14%
2021年3月期(目標値)	90%	900人	55人	17%

※女性リーダー：係長・主任相当

　グループ横断のプロジェクト活動をはじめ、女性管理職による女性社員との座談会や、全社員に対するアンコンシャスバイアス研修などを継続的に実施するとともに、育児をしながら活躍できる「時間帯限定フルタイム勤務制度」を2015年より導入するなど、女性が活躍できる環境づくりに向けて、風土と制度の両輪で取り組みを進めてまいりました。その結果、女性活躍浸透度が99%まで上昇し、また男性社員育休取得率が3年連続100%を達成するなど、各項目において2014年3月比で大きく伸長いたしました。一方で、女性リーダー数が伸び悩み、それを母数とする女性管理職数・比率についても目標未達成となりました。
　今後、これまでの女性活躍の風土づくりをさらに進化させるために、2021年4月より女性活躍を妨げる最大の要因である「性別役割分担意識」の見直しに向けて、男女の意識改革などの具体的な取り組み項目を策定、その取り組みを可視化する指標として、2026年3月までの中期目標「女性イキイキ指数」を再設定しました。
　今後、目標達成に向けて様々な取り組みを実施し、さらなる女性活躍の風土醸成を推進することで、意思決定層への女性の参画を増やしてまいります。

【女性イキイキ指数　〜2026年3月期】
・意識改革・風土づくり

項目	固定化した性別役割分担意識の見直し度数	男性の育休取得率100%の維持	男性の育休取得率(8週以内)	男性の育休1カ月以上取得率	男性の家事・育児参画度
2021年3月期(実績)	37%	100%	36%	9%	30%
2026年3月期(目標値)	50%	100%	80%	20%	35%

※固定化した性別役割分担意識の見直し度数：性別役割分担意識に対する「反対表明」の割合

・女性の活躍推進

項目	女性の上位職志向	女性リーダー比率	女性管理職比率	女性役員比率
2021年3月期(実績)	70%	31%	15%	22%
2026年3月期(目標値)	75%	40%	20%	30%

※女性管理職比率は、その算出条件に社外取締役を含めているため、先に提示した2021年3月期の実績値と数値が異なります
※「女性の上位職志向」は2021年3月実績をもとに、直近基調を加味して目標値を再算出しています

　なお、女性の管理職登用においては、かねてより上位職志向などにおいて男女差があることを課題としてとらえ、上記のとおり、女性活躍推進の重点指標として取り組みを進めてまいりました。一方、外国人・中途採用者においては、管理職として登用する上で国籍や採用時期によって特段の差が生じているとは認識していないため、現時点では管理職登用の目標策定・開示は行っておりません。

出所：株式会社丸井グループ，2021年8月5日付「コーポレート・ガバナンスに関する報告書」3〜4頁

弁護士 この点は，資本コストについての議論も参考になります。2018年の
コーポレートガバナンス・コードの改訂後，中期経営計画において
ROE（自己資本利益率）に関する目標を設定している上場会社が多く
なりましたが，開示に際しては，ROEの目標値にとどまらず，それを
実現していくストーリーを投資者に説明していくことが重要と考えられ
ています。

　サステナビリティについての目標値を設定した場合においても，それ
をどう実現し，企業価値向上に役立てていくのかを説明していくことが
重要になります。

　サステナブルファイナンスにおいてKPIの進捗状況等を開示すること
が求められていることと同様の発想です。

三浦 目標に向けた進展や進捗がわかるような開示をすることが有益とい
うことですね。

弁護士 機関投資家からは，ESGに対するKPIやビジネス上のリスクなどを
マトリックスとして開示することもわかりやすいとの指摘もあります。
また，KPIに対しての未達情報やそれを踏まえた今後の取組みも投資者
にとっては重要な情報になります。

三浦 2021年6月に改訂されたコーポレートガバナンス・コードの補充原
則3－1③では「人的資本や知的財産への投資等についても，自社の経
営戦略・経営課題との整合性を意識しつつ分かりやすく具体的に情報を
開示・提供すべきである」とされたところですが，この点についてはど
のような開示をすべきでしょうか。

弁護士 人的資本の開示が求められるようになったことにはいくつかの背景
がありますので，それを確認しておきましょう。

　まず，①深刻な社会的不平等をあらわにしたコロナ後の中長期的な企
業価値の向上のためには，従業員の雇用の安定性，多様性，人材管理等
に関する透明性の向上が重要であると考えた機関投資家が少なくなかっ
たところです。

　　また，②取締役会や社外取締役の多様性についての議論から，執行役員・管理職といった企業の中核人材のレベルにおける多様性の議論に移行しました。そして，中核人材レベルの多様性を推進するためには人材育成や社内環境の整備が重要であり，そうした取組みを進めていかなければ中長期的な企業価値の向上は今後望めないとの指摘もあります。

　　さらに，③デジタルトランスフォーメーションによって無形資産が企業価値に重要な役割を占めるようになったことで，人的資本や知的財産の重要性が説かれるようになったこともあります。

三浦　人的資本の開示といっても，どれをベースに説明するかによって相当程度内容が変わってきますね。

弁護士　そこで，人的資本の開示にあたっては，これらの背景も踏まえながら，自社が現在何を大事にしているのか，そして，今後何を大事にしていくのかを検討することが出発点となります。

　　なお，①については，コーポレートガバナンス・コードの補充原則2－3①において，サステナビリティをめぐる課題として「人権の尊重，従業員の健康・労働環境への配慮や公正・適切な処遇」が挙げられるという形でも言及があります。

　　また，②については，先ほど出てきたコーポレートガバナンス・コードの補充原則2－4①の「女性・外国人・中途採用者の管理職への登用等，中核人材の登用等における多様性の確保についての考え方と自主的かつ測定可能な目標」の開示とも関連するところです。

三浦　東京証券取引所のFAQでは，人的資本の開示にあたり，国際標準であるISO30414を活用しながら開示することも考えられるとされていますが，どういうことでしょうか。

弁護士　国際的・国内的に認められた規格を活用することが投資者にとってわかりやすいという趣旨でしょう。

三浦　ISO30414とは，どのようなものなのでしょうか。

弁護士　国際標準化機構（ISO）が策定した人的資本マネジメントの情報開

示についての国際的規格です。ISO30414は，大きく４つのカテゴリー，
11の項目で構成されています（【図表２-14】）。

　なお，ISO30414は欧米で標準的な，いわゆるジョブ型を前提として
いるため，日本企業がISO30414を活用する際は，ISO30414が推奨する
事項や要素に現状どこまで対応できるのかといったことの点検から始め
ることになります。

図表２-14 ISO30414が提示する４つの管理カテゴリーと11の管理項目

管理カテゴリー	管理項目
経営者・マネジメント	リーダーシップ
	後継者育成計画
組織	企業文化
	健康経営
	コンプライアンスと倫理
HR x Finance	コスト
	生産性
労働力・タレントマネジメント	労働力の確保
	採用，異動，離職
	スキルと能力
	ダイバーシティ

出所：ISO30414をもとに作成

三浦 サステナビリティについての情報開示はなかなか難しそうですね。

弁護士 サステナビリティに関する内容を含め，コーポレート・ガバナンス
　　　　に関する報告書は，機関投資家との建設的な対話を行うためのツールで
　　　　あるという観点から取組みを進めていきましょう。

> **【コーポレートガバナンス・コード補充原則2－3①】**
>
> 　取締役会は，気候変動などの地球環境問題への配慮，人権の尊重，従業員の健康・労働環境への配慮や公正・適切な処遇，取引先との公正・適正な取引，自然災害等への危機管理など，サステナビリティを巡る課題への対応は，リスクの減少のみならず収益機会にもつながる重要な経営課題であると認識し，中長期的な企業価値の向上の観点から，これらの課題に積極的・能動的に取り組むよう検討を深めるべきである。

> **【コーポレートガバナンス・コード補充原則2－4①】**
>
> 　上場会社は，女性・外国人・中途採用者の管理職への登用等，中核人材の登用等における多様性の確保についての考え方と自主的かつ測定可能な目標を示すとともに，その状況を開示すべきである。また，中長期的な企業価値の向上に向けた人材戦略の重要性に鑑み，多様性の確保に向けた人材育成方針と社内環境整備方針をその実施状況と併せて開示すべきである。

> **【コーポレートガバナンス・コード補充原則3－1③】**
>
> 　上場会社は，経営戦略の開示に当たって，自社のサステナビリティについての取組みを適切に開示すべきである。また，人的資本や知的財産への投資等についても，自社の経営戦略・経営課題との整合性を意識しつつ分かりやすく具体的に情報を開示・提供すべきである。
>
> 　特に，プライム市場上場会社は，気候変動に係るリスク及び収益機会が自社の事業活動や収益等に与える影響について，必要なデータの収集と分析を行い，国際的に確立された開示の枠組みであるTCFDまたはそれと同等の枠組みに基づく開示の質と量の充実を進めるべきである。

法定開示におけるサステナビリティ

三浦　ところで，有価証券報告書といった法定開示におけるサステナビリティについての開示で気をつけることはあるのでしょうか。

弁護士　有価証券報告書といった法定開示書類では，重要な事項について虚偽の記載がある場合や記載が欠けている場合，誤解を招く記載がある場合，民事責任等の対象になります。

　「重要な事項」とは，投資者の投資判断に重要な影響を及ぼす事項を

意味しますが，定性的な重要性と定量的な重要性から判断されます。

【金融商品取引法21条の2（虚偽記載等のある書類の提出者の賠償責任）】
1　第25条第1項各号（第5号及び第9号を除く。）に掲げる書類（以下この条において「書類」という）のうちに，重要な事項について虚偽の記載があり，又は記載すべき重要な事項若しくは誤解を生じさせないために必要な重要な事実の記載が欠けているときは，当該書類の提出者は，当該書類が同項の規定により公衆の縦覧に供されている間に当該書類（同項第12号に掲げる書類を除く。）の提出者又は当該書類（同号に掲げる書類に限る。）の提出者を親会社等（第24条の7第1項に規定する親会社等をいう。）とする者が発行者である有価証券を募集若しくは売出しによらないで取得した者又は処分した者に対し，第19条第1項の規定の例により算出した額を超えない限度において，記載が虚偽であり，又は欠けていること（以下この条において「虚偽記載等」という）により生じた損害を賠償する責めに任ずる。ただし，当該有価証券を取得した者又は処分した者がその取得又は処分の際虚偽記載等を知つていたときは，この限りでない。
(以下省略)

（三　浦）　有価証券報告書ではサステナビリティについて明示的に開示を求められているのでしょうか。

（弁護士）　「経営方針，経営環境及び対処すべき課題等」や「事業等のリスク」など，記載すべき内容が会社の判断にゆだねられているものもありますので，ESG課題やその取組みについての記載が求められる場合もあるといえます。

法定開示と任意開示

（三　浦）　法定開示では虚偽記載とされてしまった場合のサンクションがあることが気になります。

（弁護士）　たとえば，「事業等のリスク」については，金融庁はパブリックコメントに対する回答において，「提出日現在において，経営者が企業の経営成績等の状況に重要な影響を与える可能性があると認識している主

要なリスクについて，一般に合理的と考えられる範囲で具体的な説明が
されていた場合，提出後に事情が変化したことをもって，虚偽記載の責
任を問われるものではないと考えられます」としています。

　このような回答があることを踏まえると，経営者が合理的な検討を
行っている場合には，虚偽記載とは評価されないといえるでしょう。

三 浦　合理的な検討を行っていることが重要ということでしょうか。

弁護士　企業が投資者の投資判断に有用なESG情報を開示し，投資家との対
話を通じて企業価値向上を目指すためには，開示された内容だけではな
く，そこに至るまでにESG課題と企業価値を結びつけるためにいかなる
プロセスを経ているかが重要になります。

　そして，目標等を記載する場合，当該目標等を達成できなかったこと
がただちに虚偽記載や誤解を招く記載となるわけではありませんが，合
理的な検討を行うことなく目標等を記載した場合には，虚偽記載または
誤解を招く記載に該当することにもなりかねません。

三 浦　そうすると，サステナビリティについての目標等を記載するのは
コーポレート・ガバナンスに関する報告書や統合報告書だけにしておい
たほうがよいということにもなってしまいませんか。

弁護士　コーポレート・ガバナンスに関する報告書も上場会社による開示書
類ですので，合理的な根拠のない記載をすることは当然ながらできませ
ん。

　上場規則では，「開示する情報の内容が虚偽でないこと」，「開示する
情報に投資判断上重要と認められる情報が欠けていないこと」，「開示す
る情報が投資判断上誤解を生じせしめるものではないこと」，「開示の適
正性に欠けていないこと」が求められています。

　これらに違反した場合には公表措置の対象となったり，違約金の対象
となったりしますが，取引所としては，このような罰則をかけることが
目的ではなく，投資者保護の観点から適正な開示が行われることが期待
されていると考えるべきでしょう。統合報告書においても同様です。

【有価証券上場規程412条（会社情報の開示に係る審査等）】
1　上場会社は，この節の規定に基づき会社情報の開示を行う場合は，次の各号に定める事項を遵守するものとする。
（1）　開示する情報の内容が虚偽でないこと。
（2）　開示する情報に投資判断上重要と認められる情報が欠けていないこと。
（3）　開示する情報が投資判断上誤解を生じせしめるものでないこと。
（4）　前3号に掲げる事項のほか，開示の適正性に欠けていないこと。
2　当取引所は，上場会社がこの節の規定に基づき行う会社情報の開示に係る審査に関して必要な事項は，上場管理等に関するガイドラインをもって定める。

機関投資家によるESG評価

三浦　サステナビリティに関する情報開示について，機関投資家は正しく理解や評価をしてくれるのでしょうか。

弁護士　難しい問題です。機関投資家によるESG評価が表面的なチェックに基づいたものになっているのではないか，正当な評価がされていないのではないかといった不満を持つ上場会社も少なくないところです。

　ESG評価機関では，いかに定量的な比較分析を行うことができるかという観点も踏まえながらESG投資のためのフレームワーク作りが進められているところではあります。もっとも，定量的なものとなればなるほど，機関投資家が定性的な観点からの評価を行うことを躊躇し，かえって形式的な判断を促すことになるのではないかといった悩ましい問題も出てきてしまいます。

三浦　ESG評価機関によるスコアリングも気になるところです。

弁護士　ESG評価機関によるESGスコアリングは機関投資家に提供され，投資判断やエンゲージメントの際の材料になっているほか，ESG関連指数の算出基準にも組み入れられるため，上場会社にとってESGスコアリングは無視できない状況です。

　ところが，ESGスコアリングは，インデックスの組成等に際しても用

いられるという影響力があるにもかかわらず，その算出にあたっては，評価項目への該当性を開示情報に基づいて形式的に判定する例が多く，個別の取組みが当該企業の中長期的な企業価値の向上につながるか否かを分析するプロセスは考慮されていないのではないかとの指摘もあります。

（三　浦）　海外の機関投資家はどのように考えているのでしょうか。

（弁護士）　海外の機関投資家からは，EとSに関する取組みを行っているにもかかわらず，情報開示が不十分ということでESG評価機関によるESGスコアリングが低くなってしまう日本企業が少なくないとの指摘があります。

　　また，ESGとCSRはきちんと分けて開示すべきです。ESG活動がどのように経営戦略に結びついており，どのように中長期的な企業価値の向上に貢献しているかを簡潔に記載することを投資家は求めています。他方で，CSRは中長期的な企業価値の向上に必ずしも結び付くわけではないので，なんでもESGとして盛り込めばよいわけではないという指摘もあります。

サステナビリティに関する情報開示を行う際の留意点

（三　浦）　コーポレート・ガバナンスに関する報告書や有価証券報告書にサステナビリティに関する取組みをすべて書くのは難しそうです。

（弁護士）　そこで，ESG報告書や統合報告書，サステナビリティ報告書といった媒体での情報開示を行うことも有益です。ただ，機関投資家の中には，やはり法定開示書類である有価証券報告書や上場ルールで開示を求められているコーポレート・ガバナンスに関する報告書を重視しているところも少なくありませんので，重要な情報は見落とされないように有価証券報告書やコーポレート・ガバナンスに関する報告書に記載しておくのが望ましいでしょう。

（三　浦）　サステナビリティに関する取組みについては，機関投資家からのエ

ンゲージメントの要請を受け，ESG関連リスクの対処状況に関して質問やアンケートへの回答を求められる中で個別に説明を行うこともあります。

（弁護士）　一部の投資家に対して説明した内容が重要情報である場合には，すみやかに当該情報について公表することが必要となります。

（三　浦）　フェア・ディスクロージャー・ルールへの対応ですね。

（弁護士）　フェア・ディスクロージャー・ルールは，投資者の投資判断に重要な影響を及ぼす情報を投資者に公平に提供することを目的としているものですが，これは取引所の適時開示制度とも重なりあうものです。

　　このため，もし未公表の情報によって投資者の投資判断に影響を及ぼすような場合には適時開示を行い，投資者に対して積極的かつ公平に情報を提供することを検討する必要があることにも留意しましょう。

【金融商品取引法27条の36（重要情報の公表）】
1　第2条第1項第5号，第7号，第9号若しくは第11号に掲げる有価証券（政令で定めるものを除く。）で金融商品取引所に上場されているもの若しくは店頭売買有価証券に該当するものその他の政令で定める有価証券の発行者（以下この条において「上場会社等」という）若しくは投資法人（投資信託及び投資法人に関する法律第2条第12項に規定する投資法人をいう。第1号において同じ。）である上場会社等の資産運用会社（同法第2条第21項に規定する資産運用会社をいう。）（以下この項及び次項において「上場投資法人等の資産運用会社」という）又はこれらの役員（会計参与が法人であるときは，その社員），代理人若しくは使用人その他の従業者（第1号及び次項において「役員等」という）が，その業務に関して，次に掲げる者（以下この条において「取引関係者」という）に，当該上場会社等の運営，業務又は財産に関する公表されていない重要な情報であつて，投資者の投資判断に重要な影響を及ぼすもの（以下この章において「重要情報」という）の伝達（重要情報の伝達を行う者が上場会社等又は上場投資法人等の資産運用会社の代理人又は使用人その他の従業者である場合にあつては，当該上場会社等又は当該上場投資法人等の資産運用会社において取引関係者に情報を伝達する職務を行うこととされている者が行う伝達。以下この条において同じ。）を行う場合には，当該上場会社等は，当該伝達と同時に，当該重要情報を

公表しなければならない。ただし，取引関係者が，法令又は契約により，当該重要情報が公表される前に，当該重要情報に関する秘密を他に漏らし，かつ，当該上場会社等の第2条第1項第5号，第7号，第9号又は第11号に掲げる有価証券（政令で定めるものを除く。），これらの有価証券に係るオプションを表示する同項第19号に掲げる有価証券その他の政令で定める有価証券（以下この項及び第3項において「上場有価証券等」という）に係る売買その他の有償の譲渡若しくは譲受け，合併若しくは分割による承継（合併又は分割により承継させ，又は承継することをいう。）又はデリバティブ取引（上場有価証券等に係るオプションを取得している者が当該オプションを行使することにより上場有価証券等を取得することその他の内閣府令で定めるものを除く。）（第2号及び第3項において「売買等」という）をしてはならない義務を負うときは，この限りでない。

（1）金融商品取引業者，登録金融機関，信用格付業者若しくは投資法人その他の内閣府令で定める者又はこれらの役員等（重要情報の適切な管理のために必要な措置として内閣府令で定める措置を講じている者において，金融商品取引業に係る業務に従事していない者として内閣府令で定める者を除く。）

（2）当該上場会社等の投資者に対する広報に係る業務に関して重要情報の伝達を受け，当該重要情報に基づく投資判断に基づいて当該上場会社等の上場有価証券等に係る売買等を行う蓋然性の高い者として内閣府令で定める者

2　前項本文の規定は，上場会社等若しくは上場投資法人等の資産運用会社又はこれらの役員等が，その業務に関して，取引関係者に重要情報の伝達を行つた時において伝達した情報が重要情報に該当することを知らなかつた場合又は重要情報の伝達と同時にこれを公表することが困難な場合として内閣府令で定める場合には，適用しない。この場合においては，当該上場会社等は，取引関係者に当該伝達が行われたことを知つた後，速やかに，当該重要情報を公表しなければならない。

3　第1項ただし書の場合において，当該上場会社等は，当該重要情報の伝達を受けた取引関係者が，法令又は契約に違反して，当該重要情報が公表される前に，当該重要情報に関する秘密を他の取引関係者に漏らし，又は当該上場会社等の上場有価証券等に係る売買等を行つたことを知つたときは，速やかに，当該重要情報を公表しなければならない。ただし，やむを得ない理由により当該重要情報を公表することができない場合その他の内閣府令で定める場合は，この限りでない。

4　前3項の規定により重要情報を公表しようとする上場会社等は，当該重要情報を，内閣府令で定めるところにより，インターネットの利用その他の方法により公表しなければならない。

【有価証券上場規程413条の2（開示前における自社のウェブサイト等での会社情報の取扱い）】

　上場会社は，第402条から第411条の2までの規定に基づき開示が求められる会社情報についてインターネットを利用して公衆による閲覧ができる状態に置こうとするときは，次条の定めるところにより当該会社情報が開示された時以後にこれを行うものとする。ただし，アクセス制御機能（不正アクセス行為の禁止等に関する法律（平成11年法律第128号）第2条第3項に規定するアクセス制御機能をいう。）を付加するなど公衆による当該会社情報の開示前の閲覧を制限するための措置を講じる場合は，この限りでない。

【有価証券上場規程414条（会社情報の開示の方法）】

1　第402条から第411条の2までの規定に基づく会社情報の開示は，TDnet（当取引所の適時開示情報伝達システムをいう。以下同じ。）を利用して行うものとする。

2　前項の場合において，上場会社は，当該開示に係る資料をTDnetにより当取引所に送信するものとする。

3　前項の規定にかかわらず，上場会社は，当取引所所定の「会社情報の公開に関する通知書」及び当該開示に係る資料（以下「公開通知書等」という。）の当取引所への提出をもって同項に規定するTDnetによる開示資料の送信に代えることができる。この場合において，当該上場会社が国内の他の金融商品取引所（TDnetが設置されている金融商品取引所に限る。）に上場されている有価証券の発行者であるときは，当取引所が適当と認める書類を当該金融商品取引所に提出したときは，当取引所に対して公開通知書等の提出が行われたものとみなす。

4　上場会社は，当取引所が適当と認める場合には，公開通知書等のファクシミリによる送信をもって前項前段の規定による公開通知書等の提出に代えることができる。

5　前各項の規定にかかわらず，第402条から第411条の2までの規定に基づく会社情報の開示は，TDnetの稼働に支障が生じた場合その他当取引所が必要があると認める場合には，当取引所がその都度定める方法により行うものとする。

6　当取引所は，上場会社が第2項から前項までの規定により送信又は提出した資料を公衆の縦覧に供することができるものとする。

7　上場会社は，施行令第30条第1項第2号の規定に基づく重要事実等又は公開買付け等事実の当取引所への通知及び同項第4号の規定に基づく公開買付け等事実の当取引所への通知を行う場合には，第402条から第411条の2までの規定に基づく会社情報の開示に係る方法により行うものとする。

8　前3条，第6項，次条第1項及び第416条第1項の規定は，前項の施行令第30条第1項第4号の規定に基づく公開買付け等事実の当取引所への通知を行う場合について準用する。

 サステナビリティ委員会

サステナビリティ委員会の設置

三浦　2021年6月に改訂された対話ガイドラインでは，機関投資家と上場会社が重点的に議論することが期待される事項として，「例えば，取締役会の下または経営陣の側に，サステナビリティに関する委員会を設置するなど，サステナビリティに関する取組みを全社的に検討・推進するための枠組みを整備しているか」とされていますが，サステナビリティ委員会は取締役会と経営陣のいずれの下に置くべきなのでしょうか。

弁護士　サステナビリティも執行に関するものであるところ，執行については一義的に経営陣が責任を負っているということで，日本ではサステナビリティ委員会を設置する場合，経営陣の下に置かれることが多いようです。

三浦　海外ではサステナビリティ委員会を設置することが一般的なのでしょうか。

弁護士　サステナビリティについて先進的といわれている欧州においてもサステナビリティ委員会を設置する企業は必ずしも多数派とはいえない状況です。

なお，消費者向け企業では，サステナビリティ委員会の代わりに，企業責任委員会（Corporate Responsibility Committee）を設置することもあります。

三浦　サステナビリティ委員会と企業責任委員会はどのような違いがある

のでしょうか。

弁護士 サステナビリティ委員会は，事業活動における環境や社会といった
サステナビリティについての方針や課題，実行計画の策定や進捗状況の
管理などについて，取締役会や経営陣に報告や提言を行うものです。

　他方，企業責任委員会は，企業の社会や公的な責任に関する事項，外
部のステークホルダーとの関係やレピュテーションに係る戦略やポリ
シーなどについて，取締役会や経営陣に報告や提言を行うものです。

三　浦 両委員会で重なりあう領域も多そうですね。

弁護士 両委員会で重なりあうこともありますが，各社の目指す方向性やサ
ステナビリティ戦略を踏まえてそれに対応する委員会を設置し，企業価
値向上に役立てていくことが重要です。

　なお，欧州の先進的企業では，これらのサステナビリティ委員会や企
業責任委員会のインプットをもとに報酬委員会が業績連動型役員報酬に
おけるサステナビリティ目標の取組みと達成度を評価することで，取締
役会や経営陣がサステナビリティについての取組みを積極的に行うイン
センティブを持たせるようにしているところもあります。

三　浦 日本ではどのような状況でしょうか。

弁護士 日本においても，たとえば，味の素では，中期経営計画に掲げた
ESG目標の取組みと達成度を業績連動型株式報酬の評価指標とするなど，
サステナビリティについての評価指標を役員の業績連動報酬とし（【図表
2-15】），報酬委員会で業績評価について審議する企業も見られるよう
になってきています。

図表2-15 の味の素の中期業績連動型株式報酬の評価指標，目標値および評価
ウエイト

	評価指標	目標値	評価ウエイト
1	ＲＯＩＣ（投下資本利益率）達成率　（注）1	8.0%	60%
2	重点事業売上高比率達成率　（注）2	70%	20%
3	相対ＴＳＲ（株主総利回り）　（注）3	1	10%
4	従業員エンゲージメント（注）4	—	5%
5	ＥＳＧ目標　（注）5	—	5%

(注) 1. 対象期間の各年度の目標達成率の加重平均値
　　　　（加重平均ウエイト：2020年度 25%、2021年度 25%、2022年度 50%）
　　　　ＲＯＩＣ（投下資本利益率）は、以下の算定式に基づき算出します（いずれの数値も連結ベース）。
　　　∴ＲＯＩＣ＝（事業年度の税引後営業利益）÷〔｛（事業年度の投下資本）＋（前事業年度の投下資本）｝÷2〕
　　　＊投下資本＝親会社の所有者に帰属する株主資本＋有利子負債
(注) 2. 2022年度の目標達成率
　　　　重点事業売上高比率は、以下の算定式に基づき算出します（いずれの数値も連結ベース）。
　　　∴重点事業売上高比率＝（2022年度の重点事業売上高）÷（2022年度の連結売上高）
(注) 3. 2022年度の目標達成率
　　　　相対ＴＳＲは、以下の算定式に基づき算出します。
　　　∴相対ＴＳＲ＝（最終事業年度末日の当社株主総利回り）÷（当社株主総利回り計算期間に相当する、配当込みＴＯＰＩＸの株主総利回り）
(注) 4. 従業員エンゲージメント調査の結果および新中期経営計画に掲げた取組みと達成度を自己評価
(注) 5. 新中期経営計画に掲げたESG目標への取組みと達成度を自己評価

出所：味の素株式会社，2021年6月23日付「有価証券報告書」82頁

サステナビリティガバナンス

三浦　サステナビリティ委員会では，実際にどのような体制がとられるのでしょうか。

弁護士　たとえば，イギリスの製薬会社であるアストラゼネカでは，サステナビリティガバナンスとして，①取締役会を代表してサステナビリティの実施を監督する取締役を1名選任のうえ，②特定のサステナビリティに関連する事項についての取組みを担当するシニア・エグゼクティブ・チームを取締役会の下に設置し，さらに，③サステナビリティ専門家と

シニア・エグゼクティブ・チームのメンバーで構成され，サステナビリティ戦略の方向性についての議論等を行うサステナビリティ・アドバイザリー・ボードを②のシニア・エグゼクティブ・チームの下に設置する体制としています（【図表2-16】）。

図表2-16　アストラゼネカのサステナビリティガバナンス体制

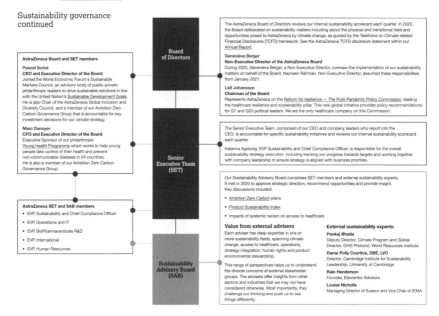

出所：AstraZeneca「Sustainability Report 2020」12頁

（三　浦）日本ではどのような状況でしょうか。

（弁護士）日本においても，サステナビリティ委員会を設置し，そこで討議した内容を執行や取締役会に報告するというサステナビリティ推進体制を整えているという企業も見られるようになってきています。

　たとえば，J.フロント リテイリングでは，グループ全体のサステナビリティ経営を推進するため，グループ経営会議で協議された環境課題へ

のグループ対応方針を決議，共有するサステナビリティ委員会を設置し，環境課題に関する長期計画とKGI／KPIの策定，各事業会社の進捗状況のモニタリングなどを実施したうえで，決議事項は取締役会へ報告し，取締役会ではサステナビリティ委員会で論議された内容の報告を受け，ESG課題への長期目標や取組み進捗についての議論・監督を行っているとされています（**【図表2-17】**）。

図表2-17　J.フロント リテイリングのコーポレート・ガバナンス体制図

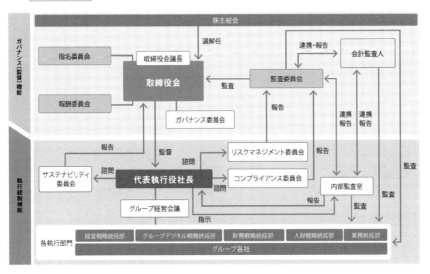

出所：J.フロント リテイリング株式会社のウェブサイト（https://www.j-front-retailing.com/sustainability/top-commitment05.php）

5 サプライチェーン

▌人権デュー・ディリジェンス

三　浦　ビジネスと人権について，2011年に国連人権理事会が採択した「ビジネスと人権に関する指導原則」に基づく国別行動計画が日本でも2020年10月に策定され，人権デュー・ディリジェンスのプロセスを導入することがその規模や業種にかかわらず企業に期待される具体的なアクションとされていますが，人権デュー・ディリジェンスとは具体的に何をすればよいのでしょうか。

弁護士　人権デュー・ディリジェンスとは，その企業やビジネス上の関係が，人権・環境・ガバナンスに関するリスクを作出・助長していないか，適切な方法で継続的に特定し評価するというもので，企業活動やサプライチェーンに関連して生じうる人権侵害の有無を調査するものです。

三　浦　M＆Aで行われる買収先企業の企業価値や潜在リスクの調査であるデュー・ディリジェンスとは別の概念ということですね。

弁護士　OECDの「責任ある企業行動のためのデュー・ディリジェンスガイダンス」では，①責任ある企業行動を企業方針および経営システムに組み込む，②企業の事業，サプライチェーンおよびビジネス上の関係における負の影響を特定し，評価する，③負の影響を停止，防止および軽減する，④実施状況および結果を追跡調査する，⑤企業の与える影響につきどのように対処したかを伝達する，⑥状況に応じて是正措置を行うか，是正のための協力をするとされています。

　たとえば，ドイツの製薬会社であるメルクでは，このような人権デュー・ディリジェンスのアプローチをサステナビリティレポートで説明しています【図表2-18】。

│ **図表2-18** │　メルクの人権デュー・ディリジェンスのアプローチ

出所：Merck「Sustainability Report 2020」39頁

三　浦　日本ではどのような状況でしょうか。

弁護士　たとえば，オムロンでは，①人権方針の策定・コミット，②リスクの特定・アセスメントの実施，③対策の検討・計画の策定，④是正措置の検討・実施，⑤モニタリング・評価・開示，⑥救済へのアクセスを人権デュー・ディリジェンスのプロセスとして示しているように（**【図表2-19】**），日本企業もOECDのガイダンスを踏まえたフレームワークやアプローチを策定している企業も見られるようになってきています。

図表2-19　オムロンの人権デュー・ディリジェンスのプロセス

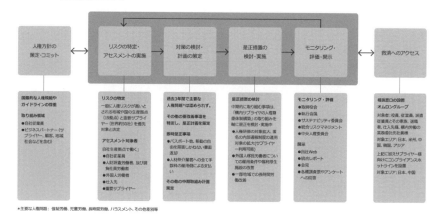

＊主要な人権問題：強制労働、児童労働、長時間労働、ハラスメント、その他差別等

出所：オムロン株式会社のウェブサイト「人権の尊重と労働慣行」（https://sustainability.omron.com/jp/rights/human_rights/）

人権デュー・ディリジェンス関連法制

（三　浦）　近時，人権課題がクローズアップされたことに伴い，各国でさまざまな人権デュー・ディリジェンス関連法制が制定されるようになっているようですが，日本企業としてはどのようなことに留意すべきなのでしょうか。

（弁護士）　日本企業としては，海外の人権デュー・ディリジェンス関連法制が，①義務を負わせるものであるのか，②日本企業も対象に含まれるものであるのか，③法令の射程とされる対象行為は何であるのか，④違反した場合の効果はどうなっているのかといったことを整理したうえで，自社が取り組むべき課題に関連づけていくことが重要となります。

　また，ESG投資が世界的な潮流となる中で，グローバルに投資を行っている機関投資家にとっては，日本企業が直接の対象となっていない人権デュー・ディリジェンス関連法制であっても，その趣旨や目的に反していることは投資家によるダイベストメント（投資撤退）につながるも

のであることにも留意する必要があります。

三　浦　海外ではどのような動きがあるのでしょうか。

弁護士　たとえば，2021年3月10日，欧州議会は，企業が自らのバリュー
チェーンにおける人権や環境に関するデュー・ディリジェンスについて，
立法がカバーすべき範囲等の詳細を検討することを欧州委員会に求める
レポートを採択しました。このレポートに基づく法律が制定された場合，
企業は，自らのバリューチェーンにおいて，人権・環境・ガバナンスへ
の侵害の有無を特定し，侵害が発見された場合は是正および救済するこ
とが求められることになります。

　ただ，これがEU企業にだけ適用されるということになってしまうと，
EU企業にだけ制約や負担が課されることになりかねないため，EU企業
にとどまらず，EUで事業を行う一定の企業にもこれらのデュー・ディ
リジェンスが求められることになります。

　このため，EUにおいて事業を行う一定の日本企業に対しても，これ
らのデュー・ディリジェンスが義務づけられる可能性がありますので，
今後の法制度の動向は確認しておく必要があります。

三　浦　ほかに日本企業に影響しうる海外の人権デュー・ディリジェンス関
連法制はあるのでしょうか。

弁護士　イギリスでは，英国現代奴隷法で，①組織の構造，事業およびサプ
ライチェーン，②強制労働および人身売買に関する方針，③自社の事業
およびサプライチェーンにおける強制労働および人身売買に関する
デュー・ディリジェンスプロセス，④強制労働および人身売買が発生し
ているリスクのある自社の事業およびサプライチェーンの部分やリスク
を評価・管理するために実施した措置，⑤適切と考える業績指標に照ら
して測定した，自社の事業またはサプライチェーンにおいて強制労働や
人身売買が行われていないことを確保することの実効性，⑥従業員が受
けられる研修内容についての開示が求められています。

　そして，イギリスにおいて商品またはサービスを提供しており，年間

売上が3,600万ポンドを超えていれば，その対象となります。

　　なお，英国現代奴隷法に基づく開示義務を負わない日本企業であって
も，当該義務を負う企業とサプライチェーン上のつながりがある場合に
は，その企業のサプライヤーとして，その企業が実施する人権デュー・
ディリジェンスのプロセスに組み込まれ，自社やそのサプライヤーにお
いて強制労働や人身売買が行われていないことを求められる可能性があ
ることに留意が必要です。

【三　浦】　直接開示義務を負わない場合であってもサプライチェーンの中で事
実上の報告義務を負うということになりそうですね。

【弁護士】　このほか，オーストラリアでは，連邦レベルで2019年1月1日から
現代奴隷法が施行されており，連結収益が1億オーストラリアドル以上
のオーストラリア企業やオーストラリアで事業を行う企業に報告義務が
課せられています。

　　また，オランダでは2019年に児童労働デュー・ディリジェンス法が成
立し，2022年以降に施行されることとなっており，ドイツでも2021年に
国内外のサプライチェーンにおける人権および環境に関するデュー
ディリジェンス実施を企業に義務づけるサプライチェーンデュー・ディ
リジェンス法が成立し，2023年以降に施行されるなど，人権デュー・
ディリジェンス関連法制が欧州を中心に急速に整えられてきています。
このように，各国の法制度のアップデートについてはアンテナをはって
おきましょう。

【三　浦】　欧米企業のサプライチェーンに組み込まれている日本企業も，顧客
である欧米企業から取引条件として規制の遵守を求められるという点で，
実質的に規制の域外適用を受けているようなものですね。

【弁護士】　これらの規制については，遵守しない場合には顧客を失ったり，レ
ピュテーションを毀損する危険性がある点で企業に多大なリスクを生じ
させるものではありますが，遵守することでサプライヤーとしての競争
力を向上させることができる点で収益機会の向上につながるものである

ともいえます。

ABAモデル条項

三　浦　このような状況を踏まえ，サプライチェーンにおける取引先との契約作成にあたって参考になるものはあるのでしょうか。

弁護士　たとえば，アメリカ法曹協会（ABA）のワーキンググループは，国際的サプライチェーンにおける人権保護のためのモデル条項を2021年3月に公表しており，このようなモデル条項もサプライチェーンにおける取引先との契約作成にあたって参考になります。

三　浦　ABAモデル条項は，従来のサプライヤーとの契約とどのような点で異なっているのでしょうか。

弁護士　従来のサプライヤーとの契約はサプライヤーが人権侵害を行っていないことについての表明保証を求めるものであったのに対し，ABAモデル条項は，人権侵害リスクをマッピングし，人権への悪影響を特定し，対応するための適切な措置を講じることをサプライヤーのみならず，購入者にも求めるものとなっています。

　このような人権デュー・ディリジェンスのアプローチは，購入者とサプライヤーの双方が国際的な規範に従って人権デュー・ディリジェンスを実行し，かかる取組みをサプライチェーン全体につなげようとするものです。

三　浦　ABAモデル条項では購入者とサプライヤーにはどのような責務があるとされているのでしょうか。

弁護士　従来のサプライヤーとの契約は主にサプライヤーの義務を定めるものであったのに対し，ABAモデル条項は購入者とサプライヤー双方のコミットメントを定めています。

　具体的には，購入者は，購入者の人権規範に適合するようにサプライヤーを合理的に支援すること，人権への悪影響を軽減するために契約を修正することについてサプライヤーと協働すること，また，人権への影

響を考慮して取引から撤回することが定められています。

三浦 違反があった場合についての効果はどのように定められているのでしょうか。

弁護士 ABAモデル条項は，商品に問題があった場合，従来のサプライヤーとの契約とは異なり，損害賠償といった契約上の義務違反に対する措置を講じるよりも，人権への弊害を改善することを優先しています。

　このように，ABAモデル条項は，人権問題をサプライヤーだけの義務ではなく，購入者がサプライヤーとともに解決していく課題として捉えるものとなっています。

　なお，ABAモデル条項では，サプライヤーが遵守すべき人権尊重へのコミットメントやそのための具体的な行動規範を別紙P（Schedule P）に，購入者が遵守すべきコミットメント等は別紙Q（Schedule Q）に記載されることが想定されています。

【ABA モデル条項参考和訳】

> **第 1 条　サプライチェーンにおける人権侵害行為との闘いに関する相互の義務**
> 本契約の効力発生日において，購入者およびサプライヤーはそれぞれ，以下について同意する。
>
> **第1.1条　人権デュー・ディリジェンス**
> （ a ）購入者およびサプライヤーはそれぞれ，2011年国連ビジネスと人権に関する指導原則に則り，両者の活動がサプライチェーンにおいて直接または間接的に個人の人権に与える影響を特定し，防止し，軽減し，または自らがどのように対処するかを説明するため，その規模と状況に応じた人権デュー・ディリジェンスのプロセスを確立し，維持することを誓約する。かかる人権デュー・ディリジェンスは，各当事者の事業分野に関する経済協力開発機構（OECD）のガイダンスと合致するものとする（かかる事業分野における固有のガイダンスが存在しない場合は，OECDが2018年に公表した「責任ある企業行動のためのデュー・ディリジェンス・ガイダンス」と合致するものとする）。
> （ b ）［購入者およびサプライヤーはそれぞれ／サプライヤー］は，［他方当事者／購入者］に対して人権デュー・ディリジェンスのプロセスに関連するすべての事項に関する情報を適時かつ正確に開示し，また，その株主，役員，取締役，従業員，代理人ならびにすべての下請業者，コンサルタントおよび本契約で求められる商品またはサービスのスタッフを提供するその他の者（以下総称して「代理人ら」という）をして開示させる。
> （ c ）疑義を避けるために付言すると，各当事者は，本第1.1条における義務を遵守する責任を独立して負い，一方の当事者による本第1.1条における義務の違反は，本契約における他方当事者の義務を免責するものではない。
> （ d ）本契約における人権デュー・ディリジェンスには，効力発生日より前に実施されたデュー・ディリジェンスによって特定された問題に対処するための改善計画の実施およびモニタリングが含まれることがある。
>
> **第1.2条　サプライチェーンを通しての別紙 P の遵守**
> サプライヤーは，本契約に関連して行動するすべてのサプライヤーの代理人らが，別紙 P を遵守するために，第1.1条に従って，サプライヤーおよびその他の代理人と協働してデュー・ディリジェンスを行うことを保証する。かかる関係は，別紙 P を遵守する条件が定められた書面による契約によって明確化されるものとする。サプライヤーは，本契約における義務の遵守を示すために，かかる書面による契約を記録し，また，購入者から合理的に要求された場合には，かかる記録を

購入者に交付する。

第1.3条　サプライヤーが別紙Ｐを遵守することを支援するための購入者のコミットメント

（a）責任ある購買慣行へのコミットメント

購入者は，［別紙Qに従い，］責任ある購買慣行に従事することにより，サプライヤーが別紙Ｐを遵守することを支援することを約束する。

（b）合理的な支援

購入者のデュー・ディリジェンスにより，サプライヤーが別紙Ｐを遵守するために支援を必要と判断された場合で，購入者が第2.5条に基づいて本契約を終了しないことを選択した場合，購入者は，かかる支援（サプライヤーのトレーニング，設備の改善，管理システムの強化等を含む）を提供するために商業上合理的な努力をする。かかる購入者の支援は，本契約または適用ある法令に基づく購入者の権利，請求，または防御の放棄とみなされてはならない。

（c）価格

購入者は，責任ある企業行動規範の維持に関連するコスト（疑義を避けるために付言すると，適用ある法令および国際労働機関の規範で要求される水準以上の最低賃金および安全衛生のためのコストを含む）に適合する契約価格を合意するよう，サプライヤーと協力する。

（d）変更

購入者またはサプライヤーから要求された重要な変更（注文の変更，数量の増減または設計仕様の変更を含むがこれらに限られない）について，購入者およびサプライヤーは，そのような変更の人権への潜在的な影響を考慮し，［別紙Qと合致するよう］変更を修正することを含め，悪影響を回避または軽減するための措置を講じるものとする。購入者とサプライヤーが別紙Ｐの違反を回避する変更および／または修正に合意できなかった場合，各当事者は，第8条に従って紛争解決手続を開始することができる。

（e）免責される不履行

①要求された変更またはサプライヤーに影響を与える状況への合理的に予測不可能な，業界全体もしくは地理的に固有の重大な変化のために，別紙Ｐの違反が発生する可能性が合理的にあるという通知および合理的に満足のいく証拠をサプライヤーが購入者に提供する場合，②両当事者が別紙Ｐの違反を回避する解決策について合意できない場合，および③サプライヤーが別紙Ｐの違反を回避するために履行しないことを選択した場合，両当事者は，本契約または本契約に基づく個別の発注の全部または一部をサプライヤーが解除でき，かかる不履行の結果とし

て本契約におけるサプライヤーの債務不履行とはならないことに合意する。
（ｆ）責任ある退出

サプライヤーが本契約を遵守しなかったことまたはその他の理由（不可抗力事由
または両当事者のコントロールが及ばないその他の事由の発生を含む）によるか
にかかわらず，購入者が本契約を解除する場合，購入者は，①人権への潜在的な
悪影響を考慮し，それらを回避または軽減するために商業上合理的な努力を行い，
②サプライヤーに対して本契約を終了する意向についての合理的な通知を行うも
のとする。本契約の解除は，解除前に購入者によって発注されたサプライヤーの
製造した商品についての支払いを含め，本契約の解除日より前に発生した権利ま
たは義務に影響を与えることはない。

第1.4条　事業レベルの苦情処理メカニズム（Operational-Level Grievance Mechanism）

本契約の有効期間中，サプライヤーは，本契約に関連して発生する可能性のある
人権への悪影響に効果的に対処，防止および是正するために，十分な資金を拠出
し，管理下にある司法外の事業レベルの苦情処理メカニズム（OLGM）を維持
するものとする。サプライヤーは，OLGMは正当性があり，アクセス可能，予
測可能，公平，透明で，権利と矛盾せず，継続的学習の源であり，労働者を含む
影響を受けるステークホルダーとのエンゲージメントと対話に基づいていること
を保証する。サプライヤーは，潜在的または実際の人権侵害によって悪影響を受
ける可能性のあるステークホルダーの個人またはグループとのオープンなコミュ
ニケーションチャネルを維持し，もって，報復を恐れることなく悪影響の発生ま
たは可能性を報告できるようにするものとする。サプライヤーは，OLGMの活
動について，少なくとも，報告期間において受領および手続を開始した苦情処理
の数，影響を受けるステークホルダーとの協議についての証拠書類ならびにかか
る苦情処理の対応のために講じたすべての措置について記載した，［月次／四半
期／半年ごと］の書面による報告を購入者に提供することにより，OLGMが機
能していることを示すものとする。

第2条　契約上の活動に関連する人権への悪影響の改善
第2.1条　潜在的または実際の違反の通知

（ａ）①潜在的または実際に別紙Ｐに違反しているとサプライヤーが考えるとき，
または②潜在的または実際に別紙Ｐに違反しているとの口頭または書面による通
知を受領したときから○日以内に，サプライヤーは，（ⅰ）かかる違反を取り巻
く具体的な状況，（ⅱ）関連する別紙Ｐの規定，（ⅲ）第1.4条に定められた
OLGMプロセスに基づいて実行および／または計画された調査および改善，（ⅳ）

調査および改善が効果的，適切であり，また，違反と不均衡ではないとのサプライヤーの決定をサポートするものの詳細なサマリーを購入者に提供する。

（b）サプライヤーは，第1.3条における購入者の義務違反が別紙Pの違反を引き起こした，またはその原因であると合理的に考え，別紙Pの違反の改善には第2.3（e）条における購入者の関与が必要であると合理的に考える場合，サプライヤーは，その旨を通知し，サプライヤーの主張を支える詳細を購入者に提供する。購入者がサプライヤーの主張を拒否した場合，購入者は，サプライヤーの見解を拒否することについての書面による説明をサプライヤーに提供する。かかる場合，紛争は第8条に基づいて解決されるものとする。

（c）本第2.1条におけるすべての通知は，サプライヤーに対しては［氏名／役職／メールアドレス］に対して行われ，また，購入者に対しては［氏名／役職／メールアドレス］に対して行われるものとする。

第2.2条　調査

（a）第2.1条における通知を受け取った場合，購入者およびサプライヤーは，他方当事者またはその代理人による調査に全面的に協力するものとする。かかる協力には，当事者の要請に応じて，サプライヤーと購入者の双方またはそれらのエージェントが入国し，適切なビザを発行し，十分に調査できるよう政府機関と協働することが含まれるが，これらに限られない。

（b）各当事者は，本条に基づいて行われた調査の結果に関する報告を他方当事者に提供する。ただし，かかる提供は，購入者またはサプライヤーが弁護士依頼者秘匿特権を放棄することを求めるものではなく，サプライヤーまたは購入者が提起する可能性のある防御を制限するものでもない。

第2.3条　改善計画

（a）別紙Pの違反が有効に改善されていないことを購入者が把握した場合，購入者は，法的に適切である場合，サプライヤーの他の購入者と協力して，改善計画の作成をサプライヤーに要求する。

（b）改善計画の目的は，商業上実行可能な範囲で，影響を受けた人々を人権への悪影響が発生しなかったであろう状況に回復させることにある。［改善計画は，悪影響と均衡のとれた改善を可能にし，謝罪，賠償，復権，金銭的および非金銭的補償，ならびに将来における別紙Pの違反に起因する追加の悪影響の防止を含むことがある。］

（c）改善計画には，かかる改善がいつ完了し，違反が治癒されるかを判断するための客観的な基準を含め，改善のタイムラインと客観的なマイルストーンを含めるものとする。サプライヤーは，影響を受けるステークホルダーおよび／また

はその代表者［および／またはそのようなステークホルダーのために行動する第三者］が改善計画の策定に関与したことを購入者に示すものとする。

（d）サプライヤーは，改善計画の実施について，［合理的に満足のいく］証拠を購入者に提供し，関与している影響を受けるステークホルダーおよび／またはその代表者との間で定期的に協議していることを示すものとする。改善計画がすべて実施されたとみなされる前の段階においては，影響を受けるステークホルダーおよび／またはその代表者が本条に基づいて策定された基準に改善計画が適合していることの判断に関与していることを示す証拠を提供するものとする。

（e）第1.3条の購入者の違反が，別紙Ｐの違反またはその結果としての人権への悪影響を引き起こしたまたは寄与した場合，購入者は，別紙Ｐの違反およびその結果としての人権への悪影響への購入者の寄与と均衡のとれた［現物出資，能力育成および技術的または財政的支援等の］支援を行うことを含め，改善計画の作成および実施に関与するものとする。

（f）本第２条または第1.1（d）条に基づく改善計画は，本契約の完全な拘束力を有する一部である。

第2.4条　治癒する権利

（a）サプライヤーが別紙Ｐにおける義務に違反した場合，購入者は第2.1（a）条に基づいて通知を行うことで，［商業上合理的な］治癒期間が開始される。かかる違反は，サプライヤーが第1.4条および第2.3条に定められた基準を満たした場合に治癒されたものとする。

（b）かかる違反が第2.4（a）条で指定された期間内に治癒されないまたは治癒できない場合，購入者は，第6.2（e）条に基づいて本契約を取り消すことができ，第６条または適用ある法令に基づく救済措置を行使することができる。

第2.5条　即時終了の権利

本契約の他の規定にかかわらず，サプライヤーがゼロ・トレランス活動に従事している場合，購入者は，第6.2（e）条に基づいて本契約をただちに取り消すことができる。「ゼロ・トレランス活動」とは，第1.1条に基づくデュー・ディリジェンスにおいてサプライヤーから購入者にすみやかに開示されなかった場合，①民法または商法（国，地域または国際法を問わない）に基づいて購入者が訴追または制裁の対象とされる活動，②購入者を刑事責任にさらす活動，③1977年海外腐敗行為防止法（その後の改正を含む）によって禁止されている活動，④第1.3（b）条における購入者による支援がない限り，サプライヤーが別紙Ｐの重大な違反または継続的な違反なく本契約を履行できないことが明らかになったこと，および⑤その他別紙Ｐで定められたものを意味する。かかる終了は，第1.3

（f）条に従った責任ある退出時に効力を生じるものとする。

第3条　商品の受領拒絶および本契約の取消し

第3.1条　厳格なコンプライアンス

別紙Ｐを遵守するために，購入者，サプライヤーおよび代理人らが第1.1条および第1.2条に従ってデュー・ディリジェンスを行うことは，本契約の重要な内容である。

第3.2条　不適合商品の受領拒絶

サプライヤーによる別紙Ｐの違反が商品を不適合商品とする場合，購入者による第1.3条［および／または別紙Ｑ］における義務違反がかかる別紙Ｐの違反を実質的に引き起こしたまたは寄与した場合を除き，購入者はそれらの不適合商品を受領拒絶する権利を有する。購入者が通常の業務過程において商品を転売できないものである場合もしくは商品を支障なく取引できない場合または商品がゼロ・トレランス活動に関連づけられている場合，商品は不適合商品である。

第3.3条　取消し

①ゼロ・トレランス活動に関連する別紙Ｐについてのサプライヤーによる違反または②サプライヤーが改善計画における義務を適時に完了しないことは，本契約全体の根本的な違反を構成するものとみなされ，購入者は，本契約全体を罰則なしにただちに取り消すことができ，また，補償その他のすべての救済措置を講じることができる。購入者は，かかる取消しについてサプライヤーに対して責任を負わないものとするが，第1.3（f）条を遵守するために商業上合理的な努力を行う。

第3.4条　適時の通知

本契約または適用ある法令の規定にかかわらず，別紙Ｐの違反の結果としての購入者による商品の受領拒絶は，購入者が別紙Ｐの違反を発見した後，合理的な期間内に購入者がサプライヤーに通知した場合，適時に行われたものとみなされる。

第4条　受領の取消し

第4.1条　購入者の発見の通知

購入者は，第1.3条における義務に違反して別紙Ｐの違反を実質的に引き起こしたまたは寄与している場合を除き，商品が不適合商品であるという購入者の発見についての通知により，その受領の全部または一部を取り消すことができる。かかる通知は，購入者が後に発見する不適合を特定することができる権利に影響を及ぼすことなく，その時点で購入者が発見した不適合を特定するものとする。

第4.2条　受領拒絶と同じ権利と義務

受領が取り消されることにより，購入者は，受領前に商品を受領拒絶した場合と同じ権利と義務を負うものとする。

第4.3条　適時性

本契約の他の規定にかかわらず，本第4条に基づく購入者による商品の受領の取消しは，購入者が別紙Pの違反を発見した後，合理的な期間内に購入者がサプライヤーに通知した場合，適時に行われたものとみなされる。

第5条　別紙Pに関連する事項の不変更
第5.1条　履行過程，確立された慣行および慣習

履行の過程および取引の過程（購入者が監査権を実効的に行使しなかったことを含むが，これに限られない）は，権利放棄とは解釈されず，購入者による不適合商品の受領拒絶，本契約の取消しまたはその他の救済措置の行使の原因とはならない。サプライヤーは，別紙Pの事項に関して，履行の過程，取引の過程または同様の行為へのサプライヤーの依拠は不合理であることを認識している。サプライヤーは，別紙Pの事項が購入者にとって根本的に重要であることを認識しており，両当事者の間で確立された慣習または慣行をもって別異に理解してはならず，それとは異なることが明らかな行為または発言に依拠してはならない。

第5.2条　救済の不放棄

購入者が商品の全部または一部を受領することは，権利または救済の放棄とはみなされず，補償に関する義務を含むサプライヤーの義務を制限することもない。

第6条　購入者の救済措置
第6.1条　違反および違反の通知

サプライヤーが違反した場合，購入者は本第6条に規定された範囲で救済措置を講じることができる。購入者は，第6.2条に基づく救済措置を講じるのに先立ち，第2.1条に従ってサプライヤーに対して通知を行うものとする。かかる通知は，実際の違反に関しては，本契約における債務不履行の通知を構成する。

第6.2条　救済措置の行使

救済措置は累積的である。救済措置は，本契約におけるまたは法律上もしくは衡平法上のその他の救済措置を排除するものではなく，それらに影響を及ぼすものではない。購入者による救済措置の行使およびそのタイミングは，いかなる場合においても，本契約における購入者の権利の放棄を構成するものと解釈されない。購入者の救済措置には，以下が含まれるが，これらに限られない。

（ａ）別紙Ｐに従った正当な履行についてのサプライヤーからの適切な保証を要求すること

（ｂ）サプライヤーが別紙Ｐを遵守しないことに関して差止命令を取得すること（かかる場合，両当事者は，別紙Ｐを遵守しないことが購入者にとって重大で取り返しのつかない損害を引き起こし，そのことについて購入者が法律上の適切な救済措置を有しないことおよび公益は差止命令その他の衡平法上の救済措置によって提供されることを互いに表明し，合意する。）

（ｃ）特定の工場との契約または提携の終了，下請けの終了または従業員その他の代理人らの解雇をサプライヤーに要求すること

（ｄ）第2.4（ａ）条に定められている治癒期間の満了後にサプライヤーが適切な是正措置を講じたと購入者が合理的な裁量により判断するまで，本契約またはその他の契約に基づく支払いを一時停止すること

（ｅ）第2.4（ｂ）条，第2.5条または第3.3条で認められる場合，本契約を取り消すこと

（ｆ）違反によって引き起こされた直接損害および結果損害を含むすべての損害を求めること。ただし，損害賠償は，購入者による第1.3条［および／または別紙Ｑ］の違反が，サプライヤーによる別紙Ｐの違反を引き起こしたまたは寄与した程度に比例して軽減されるものとする。

第6.3条　損害

購入者およびサプライヤーは，以下を認識している。

（ａ）購入者およびサプライヤーはいずれも，別紙Ｐの違反または本契約に関連して発生した人権侵害により恩恵を受けるべきではない。購入者またはサプライヤーに利益をもたらす損害賠償が発生した場合，その金銭は，第1.4条および第２条に定められた改善プロセスの支援に充てられる。「利益」とは，別紙Ｐの違反なしに本契約が履行された場合にあったであろう境遇よりもよいことを意味する。このことは，本契約が別紙Ｐの違反なしに履行された場合にあったであろう境遇に置かれる当事者の権利を制限するものではない。

（ｂ）損害賠償を支払うことと第1.4条および第２条に定められた改善プロセスを完了することの双方のために十分な資金がない場合，後者が優先されるものとする。

（ｃ）別紙Ｐに違反して生産された不適合商品に関する事業への損害，見通しおよびレピュテーションの損害を確定することが困難である場合，サプライヤーから購入者に支払われる損害賠償額は以下のとおりとする。

【損害賠償額の金額または算定式】

第6.4条　商品の返品，破壊または寄付，商品の不受理

（a）購入者は，その裁量により，サプライヤーの負担，費用およびリスクで，受領拒絶した不適合商品をサプライヤーの勘定で保管するか，サプライヤーに返品するか，適用ある法令で認められている場合には不適合商品を破棄または寄付することができる。ただし，購入者が第1.3条［および／または別紙Q］の違反によって不適合を引き起こしたまたは不適合に寄与した場合を除く。

（b）購入者は，別紙Pを遵守していないことが特定の不適合商品の製造に関与しているかにかかわらず，別紙Pを遵守していないと合理的な根拠に基づいて考えるサプライヤーまたはその代理人らによって製造されたまたは関連する不適合商品を転売する義務を負わない。購入者は，かかる不適合商品を廃棄，破壊，輸出または寄付する権利を有する。本契約にこれに反する内容が含まれているまたはサプライヤーからのその他の指示にかかわらず，受領拒絶された［または受領が取り消された］不適合商品の破棄または寄付，または受領を構成する法令で必要とされる購入者の行為は，受領とはみなされず，かかる不適合商品の支払義務を生じさせる事由とはならない。購入者およびサプライヤーは，問題のある商品や不適合商品を売却し，利益を得，関連づけられることは，購入者のレピュテーションを含め，購入者に損害を生じさせるものであることから，本条および関連する条項は損害を軽減するための取組みであることを表明し，合意する。

第6.5条　補償，過失相殺の計算

（a）サプライヤーは，商品の保管，返品，輸出および破壊の費用，購入者によるサプライヤーの商品の購入と交換品の差額，合理的な弁護士費用，サプライヤーによる別紙Pの違反がなければ生じなかったであろう監査費用ならびに本契約または適用ある法令におけるサプライヤーまたはその代理人らの別紙Pの違反により生じた権利を執行するためのあらゆる費用を含む，すべてのあらゆる損失，損害，責任，欠陥，請求，行動，判決，和解，利益，罰則，罰金および費用に対して，購入者とその役員，取締役，従業員，代理人，関連会社，承継人および譲受人（以下総称して「被補償当事者」という）を補償し，防御し，損害を与えないものとする。本条は，請求者が契約上の相手方，投資家またはその他の個人，団体もしくは政府機関であるかどうかに関係なく，適用される。

（b）第6.5（a）条にかかわらず，購入者を補償するサプライヤーの義務は，購入者による第1.3条［および／または別紙Q］の違反がサプライヤーの別紙Pの違反を引き起こしたまたは寄与した程度に比例して軽減されるものとする。疑義を避けるために付言すると，購入者が直接負担する損害は，購入者が別紙Pの違反を実質的に引き起こしたまたは寄与した範囲である。

第7条　免責事項

第7.1条　購入者の契約上の義務の否定

本契約の他の規定にかかわらず，

（a）購入者は，第1条および第2条に定める場合を除き，労働条件，賃金，労働時間，差別，強制労働，児童労働などに関する法令または基準の遵守状況を含め（ただし，これらに限られない），サプライヤーまたはその代理人らを監視する義務を負わない。

（b）購入者は，第1条および第2条に定める場合を除き，サプライヤーおよびその代理人らの就労場所における安全を監視または調査し，その労働慣行を監視する義務を負わない。

（c）購入者は，①サプライヤーまたはその代理人らが行う作業の方法，②サプライヤーまたはその代理人らによる安全対策の実施および③サプライヤーまたはその代理人らによる従業員および委託業者または下請業者の雇用または関与をコントロールする権限を有しておらず，かかる義務の責任を負わない。本契約で企図されている取組みは，コントロールの権限または義務を構成するものではなく，協力の取組みであり，購入者およびサプライヤーは，自らの方針，決定および事業運営にそれぞれ責任を負う。購入者，サプライヤーおよび代理人らは独立しており，また，独立した請負業者であり，共同雇用者ではなく，そのように判断されてはならない。

（d）購入者は，適用ある法令で義務づけられている場合を除き，本契約に従って得られた監査，質問票または情報の結果を開示する義務を負わない。ただし，本契約で明示的にサプライヤーに開示する情報として定められているものはこの限りでない。

第7.2条　第三者受益者

［サプライチェーンにおけるすべての購入者およびサプライヤーは，本契約および別紙P［ならびに別紙Q］に定められている人権保護に関連する条項を執行する権利を有し，購入者およびサプライヤーによる防御としての契約関係の原理は放棄される。ただし，その他の点では，本契約の第三者受益者は存在しない。協会，労働者，土地所有者，財産所有者，サプライチェーン活動の近隣に居住，作業および／または休養する，または人権侵害により負傷または損害を被った個人を含む，個人または団体は，本契約，別紙P［別紙Q］または本契約の条項に起因または関連して，購入者またはサプライヤーに対して権利，請求，訴訟原因または資格を有しない。／本契約の第三者受益者は存在しない。］

第8条　紛争解決

第8.1条　紛争解決手続

両当事者は，購入者，サプライヤーまたは代理人らのいずれが関与するものであるかにかかわらず，本第8条に定められた手続が第1条から第7条または別紙P［もしくは別紙Q］に全部または一部が起因または関連する紛争（以下「本紛争」という）に関する唯一かつ排他的な救済であることに同意する。購入者およびサプライヤーは，本第8条に明示的に定められるものを除き，裁判所または政府当局における訴訟を開始する権利を放棄する。ただし，両当事者は，本第8条に基づく手続の任意の時点において，本紛争の解決のために中立的なファシリテーターのサービスを利用することに同意することができる。

第8.2条　守秘義務

両当事者のすべての提出物，訴訟に関連して提出されたすべての証拠，尋問のすべての筆記録またはその他の記録，仲裁廷のすべての命令，決定および裁定ならびに紛争の結果として作成された非公式の決議を含む，本紛争に関するすべての文書および情報は，両当事者の同意がある場合または当事者が①法令上義務を負う，②法的権利を保護または追求するため，③裁判所その他正当な権限を有する当局における法的手続に関連して，開示が要求される場合を除き，機密を保持する。

第8.3条　複数当事者の参加

同一または類似の実際または可能性のある人権侵害に十分に関連する他の契約の当事者らの間で他の紛争が発生した場合，両当事者は，本第8条における解決のため，かかる関連する紛争を併合するために最大限努力する。

第8.4条　誠実協議

当事者は，まずは実務レベルでの通常の業務過程において，誠実な交渉によって，本紛争を友好的に解決するよう努める。本紛争が実務レベルで解決されない場合，両当事者は，少なくとも［役職］を有する役員間の誠実な交渉により本紛争の解決を試みる。各当事者は，［第2.1（c）条に従った］通知（以下「紛争通知」という）を行うことにより，いつでも役員間の交渉プロセスを開始することができる。紛争通知が行われてから5日以内に，受領当事者は他方当事者に対して書面による回答（以下「本回答」という）を提出する。紛争通知および本回答は，①主張の根拠となる事実の詳細および各当事者の立場を含む本紛争についての主張ならびに②当該当事者を代表する役員および当該役員に随行するその他の者の氏名および役職が含まれるものとする。両当事者は，かかる役員は本紛争を解決す

るための完全な権限を有することに合意する。一方当事者から他方当事者になされた情報についてのすべての合理的な要求は尊重されるものとする。かかる役員が何らかの理由で紛争通知を受け取ってから〇日以内に本紛争を解決しない場合，両当事者は，第8.5条における調停を通じて本紛争を解決することについてその後さらに〇日以内に合意する。

第8.5条　調停

両当事者が第8.4条で指定された期間内に本紛争を解決しない場合，各当事者は，第2.1（c）条に従った通知（以下「調停通知」という）により，本契約の効力発生日において有効な［規則の名称］（以下「調停規則」という）において解決することを他方当事者に求めることができる。調停で使用される言語は〇〇とする。調停の要求が受け入れられた場合，両当事者は1名の調停人を選択する。調停通知の交付後〇日以内に，調停への要求が受け入れられない場合，両当事者は，第8.6条に基づく［仲裁／訴訟］を通じて本紛争を解決する。［両当事者が調停人の指名について合意できない場合，調停人は［調停機関の役職］によって任命されるものとする。］

第8.6条　仲裁／訴訟

両当事者が（a）本紛争を解決するために第8.5条における調停を利用しないことを選択した場合または（b）紛争通知の交付後〇日以内に，調停を利用した本紛争が解決されなかった場合，本紛争は，［仲裁／訴訟］によって解決される。
（以下省略）

出所：Working Group to Draft Model Contract Clauses to Protect Human Rights in International Supply Chains, American Bar Association Section of Business Law「BALANCING BUYER AND SUPPLIER RESPONSIBILITIES, Model Contract Clauses to Protect Workers in International Supply Chains, Version 2.0」

M&Aにおける人権デュー・ディリジェンス

三浦　人権デュー・ディリジェンスについて，M&Aの文脈で気をつけることは何でしょうか。

弁護士　これまでのM&Aのデュー・ディリジェンスにおいても，環境法や労働法などを遵守しているかといった法務的な観点からのデュー・ディリジェンスは行われています。もっとも，買収先企業のサプライチェー

ンで強制労働が行われているかといった質問を通常のM&Aのデュー・ディリジェンスの過程で行ったとしても，買収先企業から満足のいく資料や情報を得られない場合もありうるところです。

　そこで，M&A取引契約において，サプライチェーンにおける強制労働がないといったことを表明保証してもらうことになります。

　ところで，そもそも表明保証は何のために定めるものでしょうか。デュー・ディリジェンスの機能の観点から考えてみましょう。

三　浦　取締役が善管注意義務を果たすためでしょうか。

弁護士　そうですね。取締役は善管注意義務を負っていますので，M&Aを行う際，そのM&Aを実行すべきではないリスクはないか，引き受けるべきではないリスクを負うことにならないかなどを確認するためにデュー・ディリジェンスを行うわけです。

　そして，デュー・ディリジェンスで発見したリスクについては，買収価格に織り込む，また，買収価格に織り込むことが難しいものであれば特別補償事由とするといった対応をとることになります。

　他方，デュー・ディリジェンスで発見できなかったリスクについて，買主としては，表明保証を求めることになります。

　このように，表明保証は，デュー・ディリジェンスで発見できなかった買収先企業における問題点をM&A取引契約の実行後においては金銭的に解決するという機能を持っていることから，買主の取締役の善管注意義務を果たすため，M&A取引契約において表明保証を求めるというわけです。

人権デュー・ディリジェンスと表明保証

三　浦　人権デュー・ディリジェンスの観点から表明保証について新たな動きはあるのでしょうか。

弁護士　米国では，2017年に#Me Too運動が広がったことをきっかけに，買収先企業の役員が過去にセクシャルハラスメントの申立てを受けてい

ないことなどについてのMe Too Representationと呼ばれる表明保証を
M&A取引契約に定めることも少なくありません。

　日本企業間のM&A取引契約ではこのような表明保証を定めることは
まだ一般的ではありませんが，今後，ESGに配慮することが取締役の善
管注意義務との関係でより重視されることになってくれば，日本企業間
のM&A取引契約でもMe Too Representationが定められることになる
でしょう。

【Me Too Representationのサンプル条項】

To the knowledge of the Company, (a) no allegations of sexual harassment
have been made against any officer or director of the Company or its
Subsidiaries, and (b) none of the Company or its Subsidiaries has
entered into any settlement agreement related to allegations of sexual
harassment or sexual misconduct by an employee, contractor, director,
officer or other Representative.

（和訳）対象会社の知る限り，（ａ）対象会社またはその子会社の役員または取締
役に対してセクシャルハラスメントの申立ては起こされておらず，また，（ｂ）
対象会社またはその子会社は，従業員，委託者，取締役，役員その他の代表者に
よるセクシャルハラスメントまたは性的な不祥事についての申立てに関連してい
かなる和解合意も行っていない。

弁護士　また，英国現代奴隷法といった人権デュー・ディリジェンス関連法
　　　制を遵守していることについての表明保証を定めるものも見られるよう
　　　になってきています。

　　　日本企業間のM&A取引契約でこのような人権デュー・ディリジェン
　　ス関連法制を遵守していることについての表明保証を求められるのは今
　　のところ例外的ですが，買主が欧州企業であるといった場合にはこのよ
　　うな表明保証を求められることもありうるところです。その場合，先ほ

どの人権デュー・ディリジェンス関連法制のところでも話に出ましたように，当該人権デュー・ディリジェンス関連法制が自社グループに適用されるものであるかなどを慎重に検討したうえで表明保証に応じるかを判断する必要があります。

【英国現代奴隷法についての表明保証のサンプル条項】

Neither the Company nor any of its Subsidiaries has, in connection with or relating to the business of the Company or any of its Subsidiaries, received any notice, inquiry, or internal or external allegation from any Governmental Entity or any other Person; made any voluntary or involuntary disclosure to a Governmental Entity; or conducted any internal investigation with respect to any actual, potential or alleged violation of the U.K. Modern Slavery Act of 2015, as amended. The Company and its Subsidiaries have implemented and maintain in effect written policies, procedures, and internal controls that are reasonably designed to prevent, deter and detect violations of the U.K. Modern Slavery Act of 2015 and, to the Company's Knowledge, there have been no breaches or violations of, or non-compliance with, such policies, procedures or internal controls since implementation of the applicable policy, procedure or internal control.

（和訳）対象会社およびその子会社は，対象会社またはその子会社の事業に関連して，2015年英国現代奴隷法（その後の改正を含む）の違反またはその可能性に関し，政府機関その他の者から通知，照会または申立てを受領しておらず，政府機関に対する開示（任意であるか否かを問わない）を行っておらず，また，内部調査を行っていない。対象会社およびその子会社は，2015年英国現代奴隷法の違反を防止，抑止および検知するために合理的な書面によるポリシー，手続および内部統制を実施し，効力を維持しており，また，対象会社の知る限り，それらのポリシー，手続または内部統制の実施以降，それらのポリシー，手続または内部統制の違反または不遵守はない。

三 浦　取締役の善管注意義務の観点からはこれらの表明保証があれば十分
といえそうでしょうか。

弁護士　買収先企業からさらに国をまたいだグループ会社のあらゆるサプラ
イチェーンまで買収時に確認することは難しく，M&Aにおける取締役
の善管注意義務の観点からは，買収先企業グループの遵守体制の確認や，
調査会社による調査を通じてリスクの程度を把握し，そのうえで売主に
表明保証をしてもらうということが現実的ではあります。

　もっとも，表明保証違反の効果は，M&A取引契約の実行後は基本的
には金銭賠償であるところ，人権デュー・ディリジェンスの場合，買収
先企業が違反していたことが判明したことに対して金銭的な補償を受け
られればよいという話ではありません。

　このため，M&A取引契約の締結後，自社と買収先企業のESG部門や
CSR部門が共同して人権デュー・ディリジェンスを行うようにすること
がより重要になってくるでしょう。

　ただ，このあたりは企業によって温度差が相当程度違うところですし，
ソフトローの段階にあるルールをどこまで重視するかという点でも感度
は異なります。

三 浦　通常のM&Aにおいても，たとえば，金融機関では，投資先や買収
先企業がマネーロンダリングをしていないことの確認が義務づけられて
いることを理由に，法務デュー・ディリジェンスにおいて，マネーロン
ダリングを行っていないことを確認したうえで，そのことをM&A取引
契約で表明保証させることもあるということと同じ発想はできないで
しょうか。

弁護士　アンチ・マネーロンダリングはハードローとして金融機関に義務づ
けられているものであり，人権デュー・ディリジェンスのようにソフト
ローの段階のルールとは次元が異なるという違いもあるので，同じ対応
を求めることは難しい場合もありそうです。

　もっとも，表明保証は情報を開示してもらうという機能もあるところ

ですので，このような観点からも，表明保証を求める意義はあるといえます。

【労働者・従業員の人権尊重についての表明保証のサンプル条項】

The Company and its Subsidiaries are in compliance with all applicable laws, rules, regulations, codes and policies relating to their employees and their employment, including provisions thereof relating to employment standards, wages, hours of work, vacation pay, overtime, termination notice, pay in lieu of termination notice, termination and severance pay, human rights, workers' compensation, occupational health and safety, manpower training, pay equity, unfair labor practices, collective bargaining, equal opportunity or similar laws, rules, regulations, codes and policies related to employment obligations and has properly completed and filed all material reports and filings required by such laws, rules, regulations, codes and policies, except where such non-compliance has not been, and would not reasonably be expected to be material to the business and operations of the Company and its Subsidiaries, taken as a whole.

(和訳) 対象会社およびその子会社は，その従業員および雇用に関連する適用ある法令，規則，コードおよびポリシー（雇用基準，賃金，就業時間，休暇手当，残業代，解雇通知，解雇予告手当，退職金，人権，労災補償，労働安全衛生，人材育成，同一労働同一賃金，不当労働行為，団体交渉，機会平等に関連する規定を含む）または雇用義務に関連する同様の法令，規則，コードおよびポリシーをすべて遵守しており，また，それらの法令，規則，コードおよびポリシーによって必要とされるすべての重要な報告および届出を行っている。ただし，かかる不遵守が全体として見た対象会社およびその子会社の事業および運営にとって重要ではなく，また，重要ではないであろうと合理的に予測される場合を除く。

第3章

サステナブルファイナンス

　第3章では，グリーンボンド，ソーシャルボンド，サステナビリティ・リンク・ボンド，トランジションファイナンスといったESG債について見ていきます。

1 サステナブルファイナンスとは何か

三　浦　サステナブルファイナンスとはどのようなものなのでしょうか。

弁護士　サステナブルファイナンス（ESG投融資）は，もともと，責任投資原則（PRI）で提唱されたものです。

　責任投資原則とは，2006年に国連主導で発足したESG投融資の世界的なプラットフォームで，署名機関は財務情報に加え，環境・社会・ガバナンスに関する視点を受託者責任のもとで投資プロセスに取り入れることが求められます。

三　浦　サステナブルファイナンスについて日本ではどのような議論が行われているのでしょうか。

弁護士　2050年のカーボンニュートラル実現のため，日本企業に対して世界のESG投資資金を呼び込めるよう，金融機関や金融資本市場が適切に機能を発揮することが重要となるという観点から，金融庁においてサステナブルファイナンス有識者会議が設置されるなどの議論や検討が進められています。

三　浦　ESG債にはどのようなものがあるのでしょうか。

弁護士　ESG債（SDGs債とも呼ばれています）は，①ソーシャルボンド，②グリーンボンド，ソーシャルボンドとグリーンボンドの両方の観点が含まれる③サステナビリティボンド，④サステナビリティ・リンク・ボンド，⑤トランジションボンドに分類されます。

　これらのESG債については，主に資本市場関係者が参加する国際的な業界団体である国際資本市場協会（ICMA）がESG債発行に係る透明性，情報開示および報告を向上・促進する観点からガイドラインを策定しています。

　ICMAの各ガイドラインの関係については，資金使途特定の有無や，それぞれの重なりあいを説明している**【図表3-1】**が参考になります。

図表3-1　ESG債についてのICMAガイドライン

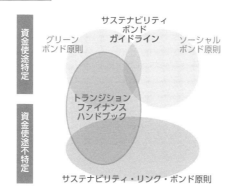

出所：金融庁・経済産業省・環境省「クライメート・トランジション・ファイナンスに関する基本指針」5頁

三　浦　ESG債発行に係る透明性や情報開示とはどういうことでしょうか。

弁護士　ESG債を含むサステナブルファイナンスが健全な形で発展していくために最も重要なことは，信頼性を確保することです。

　投資家としては，ESG債が中長期的な企業価値向上のため，その発行目的どおりに活用されることを期待しているところ，実態としてはグリーンではない，あるいは，ソーシャルではないという「グリーン・ウォッシュ」や「ソーシャル・ウォッシュ」の発行事例が出てきてしまうと，ESG債に対する信頼性が損なわれ，かえってサステナビリティの観点から望ましくないことになってしまいかねません。

　そこで，ICMAは，適切な商品設計と透明性・信頼性のある情報開示がなされるようベストプラクティスを策定しています。

② ESG債

グリーンボンド

三　浦　グリーンボンドとはどのようなものなのでしょうか。

弁護士　グリーンボンドとは，グリーンプロジェクト（企業や自治体などによる環境改善効果のある事業）に要する資金を調達するために発行する債券です。

　具体的には，①調達資金の使途がグリーンプロジェクトに限定され，②プロジェクトの評価と選定プロセスが投資家に明確に伝えられ，③調達資金が確実に追跡され，④それらについて発行後のレポーティングを通じて透明性が確保された債券をいいます（**【図表3-2】**）。

　また，2021年6月に改訂されたICMAのグリーンボンド原則では，グリーンボンドの透明性を向上させるため，外部機関によるレビューを活用することや，グリーンボンドが4つの核となる要素に適合していることについてのグリーンボンドフレームワークを活用することが望ましいとされています。

図表3-2　グリーンボンドの4つの核となる要素

調達資金の使途	調達資金はグリーンプロジェクトのみに充当し，発行体はその旨を開示する
プロジェクトの評価と選定のプロセス	発行体は，環境面での持続可能性に係る目的，プロジェクトの選定プロセス，適格性についての規準を投資家に伝える
調達資金の管理	発行体は，調達資金を適切に管理・追跡する
レポーティング	プロジェクトのリスト，概要，資金充当状況および期待される効果に係るレポーティングを行う

出所：ICMAグリーンボンド原則をもとに作成

三　浦　日本固有の動きはあるのでしょうか。

弁護士　環境省は2017年３月にグリーンボンドガイドラインを策定していましたが，その後，ICMAが策定したグリーンボンド原則との整合性に配慮するとともに，日本におけるグリーンボンド市場の現状に鑑み，2020年３月にグリーンボンドガイドラインを改訂しています（【図表3-3】）。

図表3-3　グリーンボンドガイドライン2020年改訂版の概要

【グリーンボンドに期待される事項】

①調達資金の使途
●グリーンボンドによる調達資金は，明確な環境改善効果をもたらすグリーンプロジェクトに充当されるべき。

再生可能エネルギー ・再エネ発電　・再エネ熱利用　等	省エネルギー ・省エネ建築物の新築・改修　等	汚染の防止と管理 ・リサイクル　・有害物質抑制　等
自然資源の持続可能な管理 ・持続可能な農業・漁業・林業　等	生物多様性保全 ・里山や里海の保全　等	クリーンな運輸 ・次世代自動車の開発・製造　等	持続可能な水資源管理 ・水循環の保全・洪水緩和対策　等
気候変動に対する適応 ・都市インフラの防災機能強化　等	環境配慮製品・製造技術・プロセス ・環境配慮型製品等の開発　等	グリーンビルディング ・グリーンビルディングの建築　等

②プロジェクト評価・選定プロセス	③調達資金の管理	④レポーティング
●発行体は， 　①グリーンボンドの環境面での目標 　②具体的なプロジェクト評価・選定の判断根拠となる規準 　③その判断を行う際のプロセスを，事前に投資家に説明すべき。 ●発行体は，上記の情報を，環境面での持続可能性に関する包括的な目標，戦略，政策等の文脈に位置付けた上で，投資家に対して説明することが望ましい。	●発行体は，調達資金の全額について，適切な方法（補助勘定の利用，社内システム等による充当資金の残高管理など）により追跡管理を行うべき。 ●発行体は，グリーンボンドによる調達資金の追跡管理の方法について，投資家に事前に説明すべき。	●発行体は，グリーンボンドによる調達資金の情報を，発行後に一般開示（ウェブサイト掲載等）すべき。 ●上記の開示事項には，「調達資金を充当したグリーンプロジェクトの概要」「充当した資金の額」「環境改善効果」が含まれるべき。

【外部機関によるレビュー】
●発行体が，グリーンボンドのフレームワークについて，客観的評価が必要と判断する場合には，外部機関によるレビューを活用することが望ましい。外部機関によるレビューの結果については一般に開示すべき。
●レビューを付与する外部機関は，外部レビューの種類に応じて，①資金使途となるグリーンプロジェクトの環境改善効果，②グリーンボンドに期待される４つの要素との適合性，③必要に応じて発行体が特定したグリーンプロジェクトに関連する潜在的な重大な環境リスク，について評価するべきである。
●レビューを付与する外部機関は，倫理的規範的事項等の，基礎的事項に則るべきである。

【投資家に望まれる事項】
●何がグリーンプロジェクトに当たるかについての最終的な判断は，投資家の判断に委ねられるため，投資家の役割が重要。
●投資家がインパクトの大きさの見極めなどのグリーンプロジェクトに関する知見を蓄積するなど，適切な判断を下し得るだけの実力を備えることが必要。
●これは，ESG投資を行う機関投資家等として，社会的支持を獲得する上で必要。

出所：金融庁「ソーシャルボンド検討会議（第１回）」環境省提出資料｜グリーンボンドに関する環境省の取組について」７頁をもとに作成

グリーンボンドの発行事例

三　浦　実際の発行事例としてはどのようなものがあるのでしょうか。

弁護士　資金使途としては，太陽光発電や風力発電，再生可能エネルギーやクリーンエネルギーといった事業に充当するケースが多いところです

106

（【図表3-4】）。

　グリーンプロジェクトとしては，環境省が策定したグリーンボンドガイドラインで示されているとおり，省エネ建築物の新築や改修，リサイクル，都市インフラの防災機能強化，環境配慮型製品の開発といったものもあります。

図表3-4　グリーンボンドの発行例

発行体	評価機関	依拠したガイドライン	発行金額	資金使途
電源開発	DNVビジネス・アシュアランス・ジャパン	グリーンボンド原則（ICMA）グリーンボンドガイドライン（環境省）気候ボンド基準（CBI）	200億円	水力発電，風力発電，地熱発電の再生可能エネルギーの開発，建設，運営，改修に活用
JA三井リース	日本格付研究所	グリーンボンド原則（ICMA）グリーンボンドガイドライン（環境省）	100億円	既往の太陽光および風力発電設備資金のために発行したコマーシャル・ペーパーの償還資金および建設中の太陽光および風力発電設備の設備投資資金
JR九州	サステイナリティクス・ジャパン	グリーンボンド原則（ICMA）グリーンボンドガイドライン（環境省）	200億円	新型車両・鉄道関連設備および社員研修センター改築等の施策に充当
安川電機	格付投資情報センター	グリーンボンド原則（ICMA）グリーンボンドガイドライン（環境省）	100億円	太陽光発電設備を導入した安川テクノロジーセンタの建設

九州電力	DNVビジネス・アシュアランス・ジャパン	グリーンボンド原則（ICMA）グリーンボンドガイドライン（環境省）	150億円	新竹田水力発電所，軸丸水力発電所および大岳地熱発電所に係る新規投資および既存投資のリファイナンス
中部電力	DNVビジネス・アシュアランス・ジャパン	グリーンボンド原則（ICMA）グリーンボンドガイドライン（環境省）	100億円	再生可能エネルギーの開発・建設・運営・改修
Zホールディングス	サステイナリティクス・ジャパン	グリーンボンド原則（ICMA）グリーンボンドガイドライン（環境省）	200億円	エネルギー効率の高いデータセンターの建設，改修，取得，運営

出所：金融庁「サステナブルファイナンス有識者会議（第9回）」事務局資料10頁をもとに作成

グリーンボンドを発行する際に必要な開示

三浦 グリーンボンドを発行する際はどのような開示をすることになるのでしょうか。

弁護士 具体例を見てみましょう。JR九州がグリーンボンドを発行する際の社債発行登録書類では，まず，グリーンボンドの発行のためにICMAのグリーンボンド原則と環境省のグリーンボンドガイドラインに基づいてグリーンボンドフレームワークを策定しており，また，外部機関からセカンドオピニオンを取得していることが記載されています。

そして，①調達資金の使途とプロジェクトの概要，②プロジェクトの評価と選定のプロセス，③調達資金の管理，④プロジェクトへの資金充当状況と環境への効果を年次でレポーティングすること，⑤グリーンボンドフレームワークがICMAのグリーンボンド原則と環境省のグリーンボンドガイドラインに適合していることについて外部評価を取得してい

ることが記載されています（【図表3-5】）。

| 図表3-5 | 社債発行登録書類におけるグリーンボンドの特記事項 |

グリーンボンドとしての適格性について

　当社は、グリーンボンドの発行のために、「グリーンボンド原則（Green Bond Principles）2018」（注1）及び「グリーンボンドガイドライン2020年版」（注2）に即したグリーンボンドフレームワークを策定しています。

　グリーンボンドに対する第三者評価として、サステイナリティクスより、当該フレームワークがグリーンボンド原則2018及びグリーンボンドガイドライン2020年版に適合する旨のセカンドパーティオピニオンを取得しています。また、株式会社格付投資情報センター（R＆I）より「R＆Iグリーンボンドアセスメント」の最上位評価である「GA1」の評価を取得しています。

　なお、本社債の発行に当たって第三者評価を取得することに関し、環境省の令和2年度グリーンボンド発行促進体制整備支援事業（注3）の補助金交付対象となることについて、発行支援者たるサステイナリティクス、R＆Iは一般社団法人グリーンファイナンス推進機構より交付決定通知を受領しています。

（注1）「グリーンボンド原則（Green Bond Principles）2018」とは、国際資本市場協会（ICMA）が事務局機能を担う民間団体であるグリーンボンド原則執行委員会（Green Bond Principles Executive Committee）により策定されているグリーンボンドの発行に係るガイドラインです。

（注2）「グリーンボンドガイドライン2020年版」とは、グリーンボンド原則との整合性に配慮しつつ、市場関係者の実務担当者がグリーンボンドに関する具体的対応を検討する際に参考とし得る、具体的対応の例や我が国の特性に即した解釈を示すことで、グリーンボンドを国内でさらに普及させることを目的に、環境省が2017年に策定・公表し、2020年3月に改訂したガイドラインです。

（注3）「2020年度グリーンボンド発行促進体制整備支援事業」とは、グリーンボンド等を発行しようとする企業や地方公共団体等に対して、外部レビューの付与、グリーンボンド等フレームワーク整備のコンサルティング等により支援を行う登録発行支援者に対して、その支援に要する費用を補助する事業です。対象となるグリーンボンド等の要件は、調達した資金の全てがグリーンプロジェクト等に充当されるものであって、かつ発行時点において以下の全てを満たすものです。

(1) グリーンボンドの場合にあっては、調達資金の100%がグリーンプロジェクトに充当されるものであって、発行時点において以下①または②のいずれかに該当すること。

サステナビリティボンドの場合にあっては、調達資金の50%以上がグリーンプロジェクトに充当されるものであり、発行時点において以下①に該当し、かつ、ソーシャルプロジェクトを含む場合は環境面で重大なネガティブな効果がないこと。

①主に国内の脱炭素化に資する事業（再エネ、省エネ等）

・調達資金額の半分以上が国内脱炭素化事業に充当されるまたはグリーンプロジェクト件数の半分以上が国内の脱炭素化事業であるもの

②脱炭素化効果及び地域活性化効果が高い事業

・脱炭素化効果　　　国内のCO2削減量1トン当たりの補助金額が一定以下であるもの

・地域活性化効果　　地方公共団体が定める条例・計画等において地域活性化に資するものとされる事業、地方公共団体等からの出資が見込まれる事業等

(2) グリーンボンドフレームワークがグリーンボンドガイドラインに準拠することについて、発行までの間に外部レビュー機関により確認されること

(3) いわゆる「グリーンウォッシュ債券」ではないこと

グリーンボンドフレームワークについて
　当社は、グリーンボンド発行を目的として、国際資本市場協会（ＩＣＭＡ）が定めるグリーンボンド原則（ＧＢ
Ｐ）2018及び環境省のグリーンボンドガイドライン2020年版に基づき、グリーンボンドフレームワークを策定しまし
た。その概要は、以下のとおりです。

1．調達資金の使途
　当社により発行されるグリーンボンドの発行総額と同額が新規ファイナンスまたはリファイナンスとして、新規ま
たは既存の適格プロジェクトへ充当されます。なお、既存プロジェクトへの充当の場合は、グリーンボンドの発行か
ら2年以内に開始、または、環境性能が確認されたプロジェクトとします。

適格プロジェクト
　適格プロジェクトは以下の通りです。

GBPカテゴリー	適格プロジェクト/基準		適格プロジェクト例
クリーン輸送	車両	・電力を動力とする車両の新造・改造・更新に係る投資	・821系近郊型交流電車 ・811系リニューアル ・新幹線車両新製
		・ハイブリッド車両の新造・改造・更新に係る投資	・YC1系蓄電池搭載型ディーゼルエレクトリック車両
	鉄道関連設備	・気候変動の影響による九州の自然災害（豪雨・台風等）の激甚化対策のための鉄道関連設備の改修・更新に係る投資 ・鉄道関連設備の維持・改修・更新に係る投資	・九州新幹線防災対策工事 ・運行システム装置老朽取替 ・ホームドア整備（下山口～筑前前原） ・ATS-DK地上設備整備（自動列車停止装置） ・木まくらぎのTPC化
グリーンビルディング	・環境建物認証取得予定の駅周辺不動産・自社施設の建設に係る投資（LEED-BD+C（Building Design and Construction）または LEED-O+M（Building Operations and Maintenance）認証：Gold又はPlatinum、CASBEE建築（新築、既存、改修）またはCASBEE不動産認証：Aランク又はSランク、BELS：4つ星又は5つ星、DBJ Green Building認証：4つ星又は5つ星）		・社員研修センター改築

2．プロジェクトの評価と選定のプロセス
　本グリーンボンドの調達資金が充当されるプロジェクトは、当社の財務部が、1.調達資金の使途にて定める適格基
準への適合状況に基づいて、対象候補を特定します。特定された対象候補事業について、当社グループの地球環境保
全活動に対する基本理念及び基本方針との整合性の観点から、当社の執行役員財務部長が最終承認を行います。その
結果については、当社の代表取締役社長執行役員を委員長とし、各事業部長をメンバーとするエコロジー委員会に報
告されます。
　なお、すべての適格候補プロジェクトについて、環境・社会的リスク低減のために以下について対応していること
を確認します。
　・国もしくは事業実施の所在地の地方自治体にて求められる環境関連法令等の遵守と、必要に応じた環境への影響
　　調査の実施
　・事業実施にあたり地域住民への十分な説明の実施
　・当社安全管理体制に基づく輸送の安全の確保の実施
　・当社グループの地球環境保全活動に対する基本理念・基本方針及び調達の基本方針等のポリシーに沿った資材調
　　達、環境汚染の防止、労働環境・人権への配慮の実施

3．調達資金の管理
　グリーンボンドとして調達した資金について、当社の財務部が適格プロジェクトへの充当及び管理を行います。財
務部は、本フレームワークにて発行されたグリーンボンドの発行額と同額が適格プロジェクトのいずれかに充当され

110

るよう、償還までの間、四半期毎に内部会計システムを用いて、追跡、管理します。なお、内部会計システムでは、適格プロジェクト毎に充当状況を把握し管理します。

グリーンボンドによる調達資金が適格プロジェクトに充当されるまでの間、または十分な適格プロジェクトがない場合の未充当資金については、現金または現金同等物にて運用し、発行から2年程度の間に充当を完了する予定です。

4．レポーティング

当社は、適格プロジェクトへの充当状況ならびに環境への効果を、年次で、当社ウェブサイトにて報告します。初回レポートは、グリーンボンド発行から1年以内に公表する予定です。

4．1　資金充当状況レポーティング

グリーンボンドにて調達された資金が全額充当されるまでの間、年次で、調達資金の適格プロジェクトへの充当状況に関する以下の項目について、実務上可能な範囲でレポートする予定です。
・適格プロジェクトの概要
・適格プロジェクト別での充当額と未充当額
・未充当額がある場合は、充当予定時期
・新規ファイナンスとリファイナンスの割合

なお、調達資金の金額が充当された後に大きな資金状況の変化が生じた場合は、適時に開示します。

4．2　インパクト・レポーティング

グリーンボンドの発行残高がある限り、適格プロジェクトによる環境への効果に関する以下の項目について、年次にて、実務上可能な範囲でレポートする予定です。また、大きな状況の変化が生じた場合は、適時に開示します。

適格事業		インパクトレポーティング項目
クリーン輸送		
車両	・電力を動力とする車両の新造・改造・更新に係る投資	・適格事業の概要 ・年間の新規導入車両数 ・新型車両導入による年間CO_2排出削減効果
	・ハイブリッド車両の新造・改造・更新に係る投資	・適格事業の概要 ・年間の新規導入車両数 ・新型車両導入による年間CO_2排出削減効果
鉄道関連設備	・気候変動の影響による九州の自然災害（豪雨・台風等）の激甚化対策のための鉄道関連設備の改修・更新に係る投資 ・鉄道関連設備の維持・改修・更新に係る投資	・適格事業の概要 ・災害後の被害状況 ・防災対策工事の実施状況 ・鉄道システム維持・改修・更新に係る工事の実施内容 ・ホームドア設置状況（設置完了駅数／全駅数） ・その他維持・改修・更新を実施した鉄道関連インフラがある場合はその設備の状況
グリーンビルディング		
・環境建物認証取得予定の駅周辺不動産・自社施設の建設に係る投資		・適格事業の概要 ・認証取得状況（取得予定時期・取得した認証レベル） ・環境配慮型建物による年間CO_2排出削減効果、省エネルギー効果 ・新設された建物・まちづくりによる九州を中心とした地域の活性化状況

5．外部評価

当社は、サステイナリティクス及びR＆Iより、本グリーンボンドフレームワークについて、グリーンボンド原則2018及び環境省のグリーンボンドガイドライン2020年版への適合性を確認するための外部評価を取得しています。

出所：九州旅客鉄道株式会社，2021年4月9日付「発行登録追補書類」5～7頁

三　浦　外部のレポーティングが定期的に必要であるなど，ESG債を発行するハードルはなかなか高そうですね。

弁護士　環境や社会のためと謳っていながら実際にはそうではない「グリーン・ウォッシュ」や「ソーシャル・ウォッシュ」とならないよう，本当にESG債といえるものであるのか，また，調達資金が適切に使われているかを投資家が判断できるようにする必要があるということです。

　このように，サステナブルファイナンスは，①取組み方針の策定，②取組み方針に基づく計画および目標（KPI）の設定，③各目標（KPI）の達成状況の定期的な確認，④目標達成状況に係る第三者認証の取得について開示していくということが軸になります。

ソーシャルボンド

三　浦　ソーシャルボンドはどのようなものなのでしょうか。

弁護士　ソーシャルボンドとは，ソーシャルプロジェクト（特定の社会的課題への対処や軽減を目指すもの，または特定の人々や社会全体にとってポジティブな社会的効果の達成を求めるもの）に要する資金を調達するために発行する債券です。

　具体的には，①調達資金の使途がソーシャルプロジェクトに限定され，②プロジェクトの評価と選定プロセスが投資家に明確に伝えられ，③調達資金が適切に管理・追跡され，④それらについて発行後のレポーティングを通じて透明性が確保された債券をいいます（**【図表3-6】**）。

　また，2021年6月に改訂されたICMAのソーシャルボンド原則では，ソーシャルボンドの透明性を向上させるため，外部機関によるレビューを活用することや，ソーシャルボンドが4つの核となっている要素に適合していることについてのソーシャルボンドフレームワークを活用することが望ましいとされています。

三　浦　ソーシャルプロジェクトとは具体的にはどのようなものを意味しているのでしょうか。

図表3-6 ソーシャルボンドの４つの核となる要素

調達資金の使途	調達資金はソーシャルプロジェクトのみに充当し，発行体はその旨を開示する
プロジェクトの評価と選定のプロセス	発行体は，目指す社会的な目標，プロジェクトの選定プロセス，また，プロジェクトが付随的にもたらすリスクを特定し，制御するプロセスについての情報を投資家に伝える
調達資金の管理	発行体は，調達資金を適切に管理・追跡する
レポーティング	・プロジェクトのリスト，概要，資金充当状況および期待される効果に係るレポーティングを行う ・社会的な効果は可能であれば定量的な指標で示すことが望ましい

出所：ICMAのソーシャルボンド原則をもとに作成

弁護士 ICMAのソーシャルボンド原則では，①輸送機関といった手ごろな価格の基本的インフラ設備，②健康，教育といった必要不可欠なサービスへのアクセス，③手ごろな価格の住宅，④雇用創出，⑤小規模生産者の生産性向上といった食糧の安全保障と持続可能な食糧システム，⑥市場と社会への公平な参加といった社会経済的向上とエンパワーメントが例示されています。

三浦 わかるような，わからないような感じですね…。

弁護士 ICMAのソーシャルボンド原則は，各国における個別の事情までカバーしているわけではないことから，2021年６月のソーシャルボンド原則の改訂によって，ソーシャルプロジェクトの定義はセクターや地域によって変わりうることが明記されたところです。

　そこで，金融庁が2021年10月に策定したソーシャルボンドガイドラインでは，ICMAのソーシャルボンド原則に依拠しつつ，①のインフラ設備には防災・減災対策や災害復興に関するもの，②のサービスには子育て支援や介護支援についてのもの，④の雇用創出には感染症対応，地方創生・地域活性化，⑤の食糧には先端技術についてのもの，⑥には女性活躍推進，働き方改革，バリアフリー推進についての例示が追加されています。

ソーシャルボンドの発行事例

三浦　実際の発行事例としてはどのようなものがあるのでしょうか。

弁護士　最近では，新型コロナウイルス感染症の影響を受けた企業への資金繰り支援や医療施設や製薬会社向けの融資などに調達資金を用いる目的でソーシャルボンドを発行する事例が見られます（**【図表3-7】**）。

図表3-7　ソーシャルボンドの発行例

発行体名	発行日 発行回数	合計発行額 （億円）	資金使途
国際協力機構	2016年9月〜2020年12月 22回	2,800	開発途上国等におけるインフラ整備等 新型コロナウイルス対策支援
ビー・ピー・シー・イー・エス・エー	2017年6月〜2019年1月 9回	2,402	地方銀行への貸付を通じた顧客への融資
日本学生支援機構	2018年8月〜2020年10月 10回	3,000	学生への奨学金
ANAホールディングス	2019年5月 1回	50	ユニバーサルなサービスの提供
東日本高速道路株式会社	2019年7月〜2020年11月 18回	6,200	手ごろな価格の基本的インフラ設備
阪神高速道路株式会社	2019年10月〜2020年10月 3回	1,150	手ごろな価格の基本的インフラ設備
みらかホールディングス株式会社 （現H.U.グループホールディングス株式会社）	2019年10月 3回	200	研究開発費やITシステムへの拡充
三菱UFJフィナンシャル・グループ	2019年12月 1回	99	医療，教育，雇用創出，手ごろな価格の住宅の提供
ケネディクス・レジデンシャル・ネクスト投資法人	2019年12月 1回	20	高齢者施設や医療施設の拡充
ヘルスケア＆メディカル投資法人	2020年1月 1回	20	高齢者施設，医療施設の整備
独立行政法人大学改革支援・学位授与機構	2020年2月 1回	60	国立大学附属病院の設備整備
株式会社学研ホールディングス	2020年3月 1回	60	高齢者施設の整備
大阪府住宅供給公社	2020年6月 2回	80	良質な公社賃貸住宅の提供
株式会社オリエントコーポレーション	2020年7月 2回	100	教育ローン資金への充当
東京都住宅供給公社	2020年9月 4回	260	良質な公社賃貸住宅の提供
都市再生機構	2020年9月〜2020年12月 5回	600	良質な賃貸住宅の提供や復興支援などの都市再生業務
ニプロ株式会社	2020年9月 1回	500	研究開発費や医療設備整備
株式会社中国銀行	2020年10月 1回	100	コロナウイルスによる影響を受けた事業者への融資
名古屋高速道路公社	2020年12月 2回	150	高速道路の建設（新設）と改築

出所：金融庁「サステナブルファイナンス有識者会議（第1回）」事務局参考資料27頁をもとに作成

ソーシャルボンドを発行する際に必要な開示

三 浦　ソーシャルボンドを発行する際はどのような開示をすることになるのでしょうか。

弁護士　具体例を見てみましょう。ニプロがソーシャルボンドを発行する際の社債発行登録書類では，まず，ソーシャルボンドの発行のためにICMAのソーシャルボンド原則に基づいてソーシャルボンドフレームワークを策定しており，また，外部機関からセカンドオピニオンを取得していることが記載されています。

　そして，①調達資金の使途とプロジェクトの概要，②プロジェクトの評価と選定のプロセス，③調達資金の管理，④プロジェクトへの資金充当状況とその成果を年次でレポーティングすることが記載されています（【図表3-8】）。

三 浦　グリーンボンドを発行するときと同様の開示をしているということですね。

| 図表3-8 | 社債発行登録書類におけるソーシャルボンドの特記事項 |

ソーシャルボンドとしての適格性について

当社は、本社債についてソーシャルボンドの発行のために国際資本市場協会（以下「ICMA」という。）の「ソーシャルボンド原則（Social Bond Principles）2020」（注）に則したソーシャルボンド・フレームワークを策定しました。

ソーシャルボンドに対する第三者評価として、株式会社格付投資情報センター（R&I）より、当該ソーシャルボンド原則2020に適合する旨のセカンドオピニオンを取得しております。

（注）ソーシャルボンド原則（Social Bond Principles）2020とは、ICMAが事務局機能を担う民間団体であるグリーン・ソーシャルボンド原則執行委員会（Green Bond Principles and Social Bond Principles Executive Committee）により策定されているソーシャルボンドの発行にかかるガイドラインです。

ソーシャルボンド・フレームワークについて

当社は、ソーシャルボンド発行を目的として、ソーシャルボンド原則2020が定める4つの要件（調達資金の使途、プロジェクトの評価と選定のプロセス、調達資金の管理、レポーティング）に適合するソーシャルボンド・フレームワークを以下のとおり策定しました。

1．調達資金の使途

本社債による調達資金は、以下のプロジェクトの設備投資又は研究開発費に対し、新規資金又は借換資金として充当を予定しています。

対象事業	主な資金使途
国内事業	医療機器製造工場や再生医療関連施設等の設備投資や医薬品等の研究開発 例：ダイアライザ製造ラインの増設、再生医療等製品製造施設の培養設備更新
国際事業	医療機器製造工場等の設備投資 例：ダイアライザ製造ラインの増設
医薬事業	受託医薬品製造工場等の設備投資 例：シリンジ製剤製造設備の増設（ワクチンなどの政府備蓄用シリンジ製剤等を製造）
ファーマパッケージング事業	医薬用包装材料製造工場等の設備投資や医薬用包装材料等の研究開発 例：生地管製造設備の新設（ワクチン開発メーカー向けバイアル等を製造）

2．プロジェクトの評価及び選定のプロセス

当社は、『「真にグローバルな総合医療メーカー」として「未来に向かって、世界の人々の健康を支え、医療ニーズに応える商品、技術及び事業の創造革新を行い、社会に貢献し、自己実現を図る」こと』を経営理念に掲げています。当社事業は、社会貢献を謳う経営理念のもとで行われており、それら事業は社会的課題の解決に資するものであり、全事業がソーシャル性のあるものと認識しております。また、経営理念に沿う形で中期経営計画を策定しており、これらの事業を継続していくことを中長期的にコミットしております。なお、中期経営計画策定のプロセスについては、経営企画本部経営企画部が社内各部と連携した上で原案を作成し、取締役会決議にて承認を得ています。

また、対象プロジェクトの選定プロセスについては、中期経営計画で策定された各事業の方針に基づき、経営企画本部経営企画部が、設備投資又は研究開発費に該当するプロジェクトの評価・選定を実施し、財務担当役員の承認を得ます。加えて、取締役会において、財務担当役員より報告を行います。

3．調達資金の管理

調達資金は当社名義の当座預金口座に入金され、資金の管理は経営企画本部経理部が行います。対象プロジェクト実施にかかる支払は、プロジェクトの支払証憑書類（請求書等）を受領する部署の確認、及び依頼に基づき、同部が行います。

また、同部にて本プロジェクトにかかる支出を社内会計コードにて抽出し、資金の充当額及び未充当額を確実に追跡します。未充当資金は、社内規程に基づき流動性・安全性の高い金融資産に限定して運用します。加えて、財務担当役員による資金充当状況の確認を年次で行います。

116

4．レポーティング
　当社は、調達資金の全額が対象プロジェクトに充当されるまでの期間、下記の情報を当社ウェブサイトに年に1回公表し、また毎年発行の「アニュアルレポート」に記載します。

（1）資金充当状況に関するレポーティング
　資金の充当状況は、年に1回、当社ウェブサイトにて公表します。また調達資金おける新規資金及び借換資金への充当割合を公表します。
　調達資金は主に、医療機器・医薬品・医薬品包装材料製造工場並びに再生医療関連施設等の設備投資資金又は医薬品等の研究開発資金の新規資金又は借換資金に充当する予定です。

（2）インパクト・レポーティング
　調達資金の全額が対象プロジェクトに充当されるまでの期間において、対象プロジェクトのインパクト・レポーティングとして、守秘義務の範囲内において、以下のアウトプット指標・アウトカム指標等を、当社ウェブサイトにて公表します。

対象事業	アウトプット指標	アウトカム指標
国内事業	・医療機器製造数 ・自社ブランドジェネリック医薬品製造数 ・細胞医薬品製造能力	・医療機器 販売数 ・自社ブランドジェネリック医薬品販売数 ・細胞医薬品販売数
国際事業	・医療機器製造数 ・透析センター患者キャパシティー ・トレーニングセンター数	・医療機器販売数 ・透析センターの治療患者数 ・トレーニングセンターの利用者数
医薬事業	・受託医薬品製造数	・受託医薬品出荷数
ファーマパッケージング事業	・製品製造数	・製品販売数

出所：ニプロ株式会社，2020年9月18日付「発行登録追補書類」14〜15頁

サステナビリティ・リンク・ボンド

三　浦　サステナビリティ・リンク・ボンドはどのようなものなのでしょうか。

弁護士　グリーンボンドやソーシャルボンド，調達資金のすべてがグリーンプロジェクトやソーシャルプロジェクトに充当される債券であるサステナビリティボンドに対し，サステナビリティ・リンク・ボンドは，調達資金を必ずしも特定の資金使途に限定する必要がなく，発行企業があらかじめ定めた時間軸の中で将来のサステナビリティに関する成果の改善にコミットし，重要な評価指標（KPI）とサステナビリティ・パフォーマンス・ターゲット（SPTs）の達成・未達成によって利率といった条件が変化する債券です。

三　浦　サステナビリティ・パフォーマンス・ターゲットの達成・未達成によって条件が変化するというのはどういうことでしょうか。

弁護士　サステナビリティ・リンク・ボンドの法的性質は社債ですが，株式と債券（社債）の違いは何でしょうか。

三　浦　債券は，株式と異なり，どこかの時点で元本を返済しなければなりません。

弁護士　そうですね。また，社債の満期を中長期に設定することもできますので，満期までにデフォルトが生じないよう，社債の発行に際しては財務制限条項（コベナンツ）が設定されます。

三　浦　デフォルトを起こさせないようにするインセンティブを持たせるということで，金融機関からローンを借りるときと同じですね。

弁護士　もっとも，実務的には，社債の財務制限条項は社債間限定同順位特約が付された担保制限条項だけであることが一般的で，利益維持条項や純資産維持条項などが付されるのは，個人向け社債や低格付け社債に限られています。

　そして，サステナビリティ・リンク・ボンドでは，サステナビリ

ティ・パフォーマンス・ターゲットが未達成の場合であっても，通常の
ローンの場合とは異なり，財務制限条項違反や期限の利益喪失事由とは
ならないのが一般的です。

　他方で，未達成の場合には利率が上がるといったことで，発行会社が
サステナビリティ・パフォーマンス・ターゲットを達成するインセン
ティブを持たせるようにしています。

サステナビリティ・リンク・ボンドの発行事例

（三　浦）　実際の発行事例としてはどのようなものがあるのでしょうか。

（弁護士）　海外では，シャネルやH&M，ノバルティスなどがこれまでにサス
テナビリティ・リンク・ボンドを発行していますが，サステナビリ
ティ・リンク・ボンドが世界で初めて発行されたのは2019年9月のイタ
リアのエネルギー大手のエネルによるもので，サステナビリティ・リン
ク・ボンドが発行されるようになったのは世界的にもごく最近のことで
す。

【サステナビリティ・リンク・ボンドの特徴】

① 調達資金の使途の限定がなく，一般的な事業目的に利用可能
② サステナビリティ・パフォーマンス・ターゲットの達成・未達成で利率と
いった条件が変化する（ただし，サステナビリティ・パフォーマンス・ター
ゲットの未達成は財務制限条項違反や期限の利益喪失事由とはならないのが
一般的）

（三　浦）　サステナビリティ・パフォーマンス・ターゲットはどのように設定
するのでしょうか。

（弁護士）　サステナビリティ・パフォーマンス・ターゲットをどのように設定
するかは発行企業のビジネスモデルやセクターによって異なりますが，
発行企業の中長期的な企業価値向上やサステナビリティ戦略と整合した

図表3-9　サステナビリティ・リンク・ボンドの5つの核となる要素

KPIの選定	KPIは，事業に関する戦略に重要なもので，また，定量的かつ外部から検証可能なものである
サステナビリティ・パフォーマンス・ターゲットの設定	サステナビリティ戦略と整合し，あらかじめ定めた期間内に達成の有無が判定される等，野心的なものである
債券の特性	サステナビリティ・パフォーマンス・ターゲットの達成に応じて，財務・ストラクチャーの特性が変化しうるものである
レポーティング	KPIのパフォーマンスに関する最新状況やサステナビリティ・パフォーマンス・ターゲットの達成状況等に係るレポーティングを少なくとも年1回行う
検証	サステナビリティ・パフォーマンス・ターゲットの達成状況について，外部機関による検証を少なくとも年1回行い，開示する

出所：ICMAのサステナビリティ・リンク・ボンド原則をもとに作成

ものとなっていることが重要となります。

　他方，投資家保護の観点からは，適切なサステナビリティ・パフォーマンス・ターゲットが設定されていることやその達成状況についての透明性・信頼性，つまり，情報開示が重要となります。

三　浦　サステナビリティ・リンク・ボンドにはどのような要素が求められているのでしょうか。

弁護士　ICMAのサステナビリティ・リンク・ボンド原則では，①選定したKPI，②設定したサステナビリティ・パフォーマンス・ターゲット，③サステナビリティ・パフォーマンス・ターゲットの達成・未達成によって変化する事項，④サステナビリティ・パフォーマンス・ターゲットの達成状況等についてのレポーティング，⑤外部機関による検証がサステナビリティ・リンク・ボンドの5つの核となる要素とされています（**図表3-9**）。

　また，サステナビリティ・リンク・ボンド原則の各要素に準拠してい

ることについて外部機関からセカンドオピニオンを取得することが望ましいとされています。

┃サステナビリティ・リンク・ボンドを発行する際に必要な開示

【三　浦】　サステナビリティ・リンク・ボンドを発行する際はどのような開示をすることになるのでしょうか。

【弁護士】　具体例を見てみましょう。ANAホールディングスがサステナビリティ・リンク・ボンドを発行する際の社債発行登録書類では，まず，サステナビリティ・リンク・ボンドとしての適合性についての記載があり，ICMAのサステナビリティ・リンク・ボンド原則に適合していることについて外部機関からセカンドオピニオンを取得していることが記載されています。そして，自社の重要課題に対する取組みとKPI，サステナビリティ・パフォーマンス・ターゲットについて記載されています。

　また，サステナビリティ・パフォーマンス・ターゲットを達成できなかったときに行うアクション，サステナビリティ・パフォーマンス・ターゲットの進捗・達成状況についての外部評価結果と検証レポートを公表することが記載されています（【図表3-10】）。

図表3-10	社債発行登録書類におけるサステナビリティ・リンク・ボンドの特記事項

1．サステナビリティ・リンク・ボンドとしての適合性について

　　当社は、本社債をサステナビリティ・リンク・ボンド（注1）として発行するにあたり、国際資本市場協会（以下、「ＩＣＭＡ」といいます。）の「サステナビリティ・リンク・ボンド原則（Sustainability-Linked Bond Principles）（2020年版）」（注2）への適合性について、Ｒ＆Ｉからセカンドオピニオンを取得しています。

　（注1）　サステナビリティ・リンク・ボンド（以下、「ＳＬＢ」といいます。）とは、あらかじめ定められたサステナビリティ／ＥＳＧの目標の達成を促す債券をいいます。ＳＬＢの発行体は、あらかじめ定めた時間軸の中で、将来の持続可能性に関する成果の改善にコミットします。具体的には、ＳＬＢは、発行体があらかじめ定めた重要な評価指標（以下、「ＫＰＩ」といいます。）とサステナビリティ・パフォーマンス・ターゲット（以下、「ＳＰＴｓ」といいます。）による将来のパフォーマンスの評価に基づいた金融商品であり、ＫＰＩに関して達成すべき目標数値として設定されたＳＰＴｓの達成を促します。

　（注2）　「サステナビリティ・リンク・ボンド原則（Sustainability-Linked Bond Principles）（2020年版）」とは、ＩＣＭＡが2020年6月に公表したサステナビリティ・リンク・ボンドの商品設計、開示およびレポーティング等にかかるガイドラインをいいます。

2．当社の重要課題に対する取り組みと重要な評価指標（ＫＰＩ）について

　　当社グループは、ＥＳＧにかかわる中長期目標を「社会要請の把握」「社会要請の整理・優先付けと目標の策定」「目標の妥当性確認と決定」のステップにて定めています。当社グループの経営理念や戦略との一貫性・継続性、および事業におけるインパクトと社会・環境に対するインパクトを踏まえ、ＥＳＧに関する有識者との対話で妥当性も確認しながら、アクションプランを作成・実行していますが、達成状況を自己評価するだけではなく、客観的かつ多面的に把握するため、ＥＳＧにかかわる外部評価（今回選定した4つのＳＰＴｓ）を活用しています。これらの外部評価には、グローバルな最新動向、各ステークホルダーからの要請が常に反映されているため、当社グループのＥＳＧ経営推進レベルを測ることができると考えています。なお、今回設定するＳＰＴｓについては、その評価結果を役員報酬に反映することとしているため、「Ｇ（ガバナンス）」の観点を包含しています。当社グループでは、「Ｅ（環境）」「Ｓ（社会）」のテーマについて目指すべき目標を設定し、「Ｇ」と関連させて取り組むことで、その達成を目指しています。

　　当社グループは、当該ＳＰＴｓの各年度末時点の評価結果について、年1回ホームページおよび統合報告書により一般に開示する予定です。

3．サステナビリティ・パフォーマンス・ターゲット（ＳＰＴｓ）について

① DJSI World IndexおよびDJSI Asia Pacific Indexの構成銘柄に選定

② FTSE4Good Indexの構成銘柄に選定

③ ＭＳＣＩジャパンＥＳＧセレクト・リーダーズ指数の構成銘柄に選定

④ ＣＤＰ「Ａ－」以上の評価取得

　　上記4つのＳＰＴｓのうち、2022年度末（2023年3月31日）時点で2項目以上が未達成の場合、環境・社会に対してポジティブなインパクトを創出することを目的として活動を行っている一般に認知された法人・団体等へ、2024～2026年度の各年度において社債発行額の0.1%相当額（0.1%相当額×3ヵ年）の寄付を行います。

　　当社自らのＥＳＧへの取り組みに加えて、寄付による活動支援を通じて追加的にポジティブなインパクトを創出します。

　　なお、当社はＳＰＴｓ進捗状況として2021年度末（2022年3月31日）時点の外部評価結果を、ＳＰＴｓ達成状況として2022年度末（2023年3月31日）時点の外部評価結果をそれぞれ公表する予定です。Ｒ＆Ｉは当社の開示内容を検証し、ＳＰＴｓ進捗状況については2022年8月末までに、ＳＰＴｓ達成状況については2023年8月末までにそれぞれ検証レポートを公表する予定です。

　　また、一部のＳＰＴｓが測定不可能または達成状況について十分に確認できない場合の代替方法として、以下①～④のように考えております。

① 4つのSPTsのうち、1項目確認が不可能な場合は、確認可能な3項目のうち2項目以上の未達成の場合に寄付を行う

② 4つのSPTsのうち、2項目確認が不可能な場合は、確認可能な2項目のうち2項目の未達成の場合に寄付を行う

③ 4つのSPTsのうち、3項目確認が不可能な場合は、確認可能な1項目のうち1項目の未達成の場合に寄付を行う

④ 4つのSPTsのうち、4項目確認が不可能な場合は、寄付は行わない

(注1) DJSIは、米国S&P Dow Jones Indices社とスイスのRobecoSAM社が提携して開発したSRI（Socially Responsible Investment、社会的責任投資）の指標で、経済、環境、社会の3つの側面から企業活動を分析し、持続可能性に優れた企業を選定しています。1999年に開始したインデックスの構築は世界初であり、サステナビリティ指数の分野を切り開いてきたパイオニア的な存在として広く認知されています。20年以上の実績を背景にグローバルで重要視されるベンチマークの1つです。

(注2) FTSE4Good Indexを提供するFTSE Russellは1995年に設立され、ロンドン証券取引所の情報サービス部門に属します。株式や債券などのグローバルなインデックスの算出のほか、ESG Ratingなど機関投資家向けに様々な情報、分析サービスを提供しています。本社債のSPTsであるFTSE4Good Indexは、FTSE Russellが扱うインデックスのうち、ESG要素が強いインデックスで2001年に提供が始まりました。構成銘柄の選定は同社が扱うESG Ratingをベースに、特定のESGスコア以上の企業を対象としています。

(注3) MSCIは1998年モルガン・スタンレーとキャピタル・グループを株主としてニューヨークに設立され、2007年にニューヨーク証券取引所に上場しています。本社債のSPTsであるMSCIジャパンESGセレクト・リーダーズ指数は日本株を対象とするインデックスです。

(注4) CDPは企業の環境活動に関する情報開示と、行動を促すことを目的として2000年に設立された英国のNPOで、投資家やサプライヤーの要請を受けて気候変動、水セキュリティ、フォレストの3種類の質問書を企業に配布・回収・集計し、評価します。気候変動スコアは、3つの質問書のうち、気候変動の質問書に回答した企業に与えられる評価で、①環境活動に関する開示、②リスクに対する認識、③リスクマネジメント、④リーダーシップの観点から「A、A−、B、B−、C、C−、D、D−」の8段階で表されます。CDPの気候変動スコアは企業の回答書と共にCDPのホームページに公開されます。

出所：ANAホールディングス株式会社，2021年6月2日付「発行登録追補書類」6〜7頁

┃「投資家のジレンマ」の解消方法

三浦　欧米を含め，サステナビリティ・リンク・ボンドはグリーンボンドやソーシャルボンドほどの広がりを見せていないとの指摘もあります。

弁護士　発行企業がサステナビリティ・パフォーマンス・ターゲットを達成しなかった場合に利率が上がるという仕組みは，発行企業にとってはサステナビリティ・パフォーマンス・ターゲットを達成するインセンティブを高めるものですが，投資家としてはサステナビリティのために投資しているにもかかわらず，サステナビリティ・パフォーマンス・ターゲットを達成しないほうがむしろ経済的には望ましいというジレンマを生じさせるものでもあります。

　このような投資家のジレンマが，サステナビリティ・リンク・ボンド

が広がりを見せていない一因であるとの指摘もあります。

三　浦　そのようなジレンマを解消する方法はあるのでしょうか。

弁護士　投資家のジレンマを解消させるべく，2021年3月に野村総合研究所
が発行したサステナビリティ・リンク・ボンドでは，サステナビリ
ティ・パフォーマンス・ターゲットを達成した場合，発行企業である野
村総合研究所はそのオプションにより期限前償還できる（利率が上がる
前に社債を償還できる）という仕組みにするという工夫がなされていま
す（**【図表3-11】**）。

　また，先ほど見たANAホールディングスのサステナビリティ・リン
ク・ボンドでは，サステナビリティ・パフォーマンス・ターゲットが未
達成であった場合には社債発行額の0.1％相当額の寄附を行うとするな
ど，投資家のジレンマを解消する工夫がなされています。

【図表3-11】　サステナビリティ・リンク・ボンドの発行例

発行企業	概要
ヒューリック	【発行日】 2020年10月15日 【発行額】 100億円 【サステナビリティ・パフォーマンス・ターゲット】 ①2025年12月31日までに，事業で消費する電力の100％再生可能エネルギー化を達成すること ②2025年12月31日までに，銀座8丁目開発計画における日本初の耐火木造12階建て商業施設を竣工すること 【利率】 ・当初6年間（2020年10月16日から2026年10月15日まで）は年0.44％ ・以後4年間（2026年10月16日から2030年10月15日まで）は，2026年8月31日において，サステナビリティ・パフォーマンス・ターゲットの①と②のいずれかが未達の場合，0.10％のクーポンステップアップ（利息の上乗せ）が発生

124

	【サステナビリティ・リンク・ボンドとしての適合性】 環境省とその請負事業者（日本格付研究所およびイー・アンド・イーソリューションズ）により，本件サステナビリティ・リンク・ボンド発行のフレームワークが「グリーンローンおよびサステナビリティ・リンク・ローンガイドライン2020年版」およびICMAのサステナビリティ・リンク・ボンド原則に適合することが確認された旨を環境省が公表 【検証等】 ・サステナビリティ・パフォーマンス・ターゲットの①と②の達成状況について，2026年8月に第三者機関によりその達成状況を開示 ・2025年にサステナビリティ・パフォーマンス・ターゲットの①を達成した場合，その後償還期限まで維持 ・維持状況については外部機関から検証報告書を毎年8月に取得のうえ，開示 ・ただし，本件サステナビリティ・リンク・ボンドの発行時点で予見し得ない状況によりサステナビリティ・パフォーマンス・ターゲットの①の維持が一時的に困難となった場合，検証報告書を通じ，維持困難となった状況の説明と以後の改善策を開示
芙蓉総合リース	【発行日】 2020年12月24日 【発行額】 100億円 【サステナビリティ・パフォーマンス・ターゲット】 ①2024年7月31日までに，芙蓉総合リースグループ消費電力の再生可能エネルギー使用率を50％以上とすること ②2024年7月31日までに，「芙蓉 再エネ100宣言・サポートプログラム」および「芙蓉 ゼロカーボンシティ・サポートプログラム」の累計取扱額を50億円以上とすること 【利率】 ・当初4年間（2020年12月25日から2024年12月24日まで）は年0.38％

	・以後3年間（2024年12月25日から2027年12月24日まで）は，2024年7月31日において，サステナビリティ・パフォーマンス・ターゲットの①と②のいずれかが未達の場合，0.10%のクーポンステップアップ（利息の上乗せ）が発生 **【サステナビリティ・リンク・ボンドとしての適合性】** 環境省とその請負事業者（日本格付研究所およびイー・アンド・イーソリューションズ）により，本件サステナビリティ・リンク・ボンド発行のフレームワークが「グリーンローンおよびサステナビリティ・リンク・ローンガイドライン2020年版」およびICMAのサステナビリティ・リンク・ボンド原則に適合することが確認された旨を環境省が公表 **【検証等】** ・2024年7月までにサステナビリティ・パフォーマンス・ターゲットの①と②を達成した場合，その後償還期限まで維持 ・維持状況については外部機関から検証報告書を毎年10月に取得のうえ，開示 ・ただし，期中において予期し得ない状況によりサステナビリティ・パフォーマンス・ターゲットの①の維持が一時的に困難となった場合，検証報告書を通じ，維持困難となった状況の説明と以後の改善策を開示
野村総合研究所	**【発行日】** 2021年3月26日 **【発行額】** 50億円 **【サステナビリティ・パフォーマンス・ターゲット】** ①2030年度の野村総合研究所グループの温室効果ガス排出量を2013年度比で72%以上削減すること ②2030年度に，データセンターにおける再生可能エネルギー利用率を70%以上とすること **【利率】** ・当初10年6カ月間（2021年3月27日から2031年9月30日まで）は年0.355%

	・以後 1 年 6 カ月間（2031年10月 1 日から2033年 3 月31日まで）は年0.811％にステップアップ **【期限前償還】** サステナビリティ・パフォーマンス・ターゲットの①と②の双方を達成したと2031年 7 月31日までに野村総合研究所が判定した場合，2031年 9 月30日に期限前償還することができる **【サステナビリティ・リンク・ボンドとしての適合性】** 本件サステナビリティ・リンク・ボンドを発行するにあたり，ICMAのサステナビリティ・リンク・ボンド原則に適合するものであることについて，格付投資情報センターおよびVigeo Eirisからセカンドオピニオンを取得 **【検証等】** ・最終判定日までの間，少なくとも年 1 回，外部機関より，野村総合研究所グループの温室効果ガス排出量およびデータセンターの再生可能エネルギー利用率の数値について保証報告書を取得のうえ，野村総合研究所グループのESGデータブックおよびウェブサイトで開示 ・判定対象期間のサステナビリティ・パフォーマンス・ターゲットの達成状況の確認を独立した第三者に委託し，その確認結果を公表
ANAホールディングス	**【発行日】** 2021年 6 月 8 日 **【発行額】** 200億円 **【サステナビリティ・パフォーマンス・ターゲット】** ① DJSI World IndexおよびDJSI Asia Pacific Indexの構成銘柄に選定 ② FTSE4Good Indexの構成銘柄に選定 ③ MSCIジャパンESGセレクト・リーダーズ指数の構成銘柄に選定 ④ CDP「A-」以上の評価取得 **【利率】** 年0.480％ **【寄附】**

4つのサステナビリティ・パフォーマンス・ターゲットのうち，2023年3月31日時点で2項目以上が未達成の場合，環境・社会に対してポジティブなインパクトを創出することを目的として活動を行っている一般に認知された法人・団体等へ，2024〜2026年度の各年度において社債発行額の0.1％相当額（0.1％相当額×3年）の寄附を行う

【サステナビリティ・リンク・ボンドとしての適合性】

本件サステナビリティ・リンク・ボンドを発行するにあたり，ICMAのサステナビリティ・リンク・ボンド原則に適合するものであることについて，格付投資情報センターからセカンドオピニオンを取得

【検証等】

・サステナビリティ・パフォーマンス・ターゲットの進捗状況として2022年3月31日時点の外部評価結果を，サステナビリティ・パフォーマンス・ターゲットの達成状況として2023年3月31日時点の外部評価結果をそれぞれ公表

・格付投資情報センターは，ANAホールディングスによる開示内容を検証し，サステナビリティ・パフォーマンス・ターゲットの進捗状況については2022年8月31日までに，サステナビリティ・パフォーマンス・ターゲットの達成状況については2023年8月31日までにそれぞれ検証レポートを公表

・一部のサステナビリティ・パフォーマンス・ターゲットが測定不可能または達成状況について十分に確認できない場合の代替方法として，

① 4つのサステナビリティ・パフォーマンス・ターゲットのうち，1項目確認が不可能な場合は，確認可能な3項目のうち2項目以上の未達成の場合に寄附を行う

② 4つのサステナビリティ・パフォーマンス・ターゲットのうち，2項目確認が不可能な場合は，確認可能な2項目のうち2項目の未達成の場合に寄附を行う

	③ 4つのサステナビリティ・パフォーマンス・ターゲットのうち，3項目確認が不可能な場合は，確認可能な1項目のうち1項目の未達成の場合に寄附を行う ④ 4つのサステナビリティ・パフォーマンス・ターゲットのうち，4項目確認が不可能な場合は，寄附は行わない
東急不動産 ホールディングス	【発行日】 2021年10月11日 【発行額】 100億円 【サステナビリティ・パフォーマンス・ターゲット】 ① 2019年度を基準年とし，2030年度に東急不動産グループの温室効果ガス排出量削減46.2％達成 （参照期間：2030年4月1日〜2031年3月31日の実績） ② 2025年度に自社CO2排出量（Scope1＋2）＜削減貢献量（再生可能エネルギー発電量（持分比率換算）＋森林保全クレジット） （参照期間：2025年4月1日〜2026年3月31日の実績） 【利率】 年0.300％ 【寄附】 参照期間においてサステナビリティ・パフォーマンス・ターゲットが未達成であると判定日までに確認された場合，償還日に以下の金額を「緑をつなぐプロジェクト」に関連した寄附先その他類似の環境貢献団体等である「適格支払先」に支払う 表（下記）

サステナビリティ・パフォーマンス・ターゲット	判定日	寄附額
①	2031年9月30日	社債発行額の0.25％
②	2027年3月31日	社債発行額の0.25％

【サステナビリティ・リンク・ボンドとしての適合性】 本件サステナビリティ・リンク・ボンドを発行するにあたり，環境省のグリーンローンおよびサステナビリティ・リンク・ローンガイドラインとICMAのサステナビリティ・リンク・ボンド原則に即したサステナビリティ・リンク・ボンドフレームワークを策定し，それらへの適合性について，格付投資情報センターおよびグリーン・パシフィックから確認を受けており，また，日本格付研究所からセカンドオピニオンを取得 【検証等】 ・独立した第三者により，判定日が到来するまで年次でKPIの数値およびサステナビリティ・パフォーマンス・ターゲットの達成状況について検証を受ける ・検証結果は東急不動産ホールディングスのウェブサイトで開示

出所：各社の社債発行登録書類をもとに作成

トランジション・ファイナンス

（三　浦）　トランジション・ファイナンスとはどのようなものなのでしょうか。

（弁護士）　2020年10月，日本国内の温室効果ガスの排出を2050年までに実質ゼロ，つまり，カーボンニュートラルとする方針が表明されましたが，カーボンニュートラルへの道のりは平たんではなく，実現のためには，産業構造や経済社会の大胆な変革が必要になります。また，新たな産業を育成すると同時に，既存の温室効果ガス多排出産業の脱炭素に向けた移行を促す必要があり，産業の取組みに加えて，それを後押しする金融の役割も重要になります。

　このような，多排出産業を含むあらゆる産業の着実な脱炭素化に向けた取組みを評価し，資金供給することを「トランジション・ファイナンス」といいます。

（三　浦）　製造業の場合，一足飛びにカーボンニュートラルの実現は難しく，段階を経て移行していく必要があります。

弁護士 　日本は製造業の比率が諸外国に比べて相対的に高いため，トランジション・ファイナンスの果たす役割は重要です。そこで，金融庁・経済産業省・環境省は，2021年5月に「クライメート・トランジション・ファイナンスに関する基本指針」（【図表3-12】）を策定しています。

三　浦 　基本指針ではどのようなことが書かれているのでしょうか。

弁護士 　基本方針の特徴として，脱炭素化に向けた目標設定，戦略を重視していることが挙げられます。

　基本方針の表紙では，登山のようなイラストが描かれていますが，これは，頂上に登るという確固たる目標設定やそこに至るまでの現実的な戦略を持つことを促すものの，登山の過程は各人の状況に応じて多種多様であるというようなイメージであるとされています。

図表3-12 　クライメート・トランジション・ファイナンスに関する基本指針

クライメート・トランジション・ファイナンスに
関する基本指針

2021年5月
金融庁・経済産業省・環境省

三　浦　具体的にはどのような内容が書かれているのでしょうか。

弁護士　基本指針は，2020年12月にICMAが公表した「クライメート・トランジション・ファイナンス・ハンドブック」と整合しつつ，資金調達者，資金供給者，その他市場関係者が具体的な対応を検討する際に参考となる内容として，ICMAのハンドブックにおいて資金調達者が開示することが推奨されている4要素とそれぞれに対する具体的な対応方法が書かれています。

　これらの4要素を満たし，「資金使途を特定したボンド／ローン」または「トランジション戦略に沿った目標設定を行い，その達成に応じて借入条件等が変動する資金使途不特定のボンド／ローン」のいずれかの形式による資金調達を基本指針ではトランジション・ファイナンスと定義しています。

トランジションの4要素

三　浦　トランジションの4要素とは具体的にどのような内容なのでしょうか。

弁護士　①トランジション・ファイナンスの目的とトランジション戦略・ガバナンスの開示，②事業における環境面の重要度とトランジション戦略の対象となる取組み，③科学的根拠のあるトランジション戦略（目標と経路），④投資計画の対象や投資計画の実行による成果とインパクト（実施の透明性）がトランジションの4要素とされています（【図表3-13】）。

132

| 図表3-13 | トランジションの4要素 |

要素 1	発行体のクライメート・トランジション戦略とガバナンス

トランジション・ファイナンスの目的
- パリ協定の目標に整合した目標や脱炭素化に向けて，事業変革をする意図が含まれたトランジション戦略の実現
- トランジション戦略の実行では，気候変動以外の環境及び社会への寄与も考慮（「公正な移行」）

トランジション戦略とガバナンスの開示
- TCFD提言などのフレームワークに整合した開示も可能

要素 2	ビジネスにおける環境面のマテリアリティ（重要度）

トランジション戦略の対象となる取組
- 現在及び将来において環境面で重要となる中核的な事業活動（気候変動を自社のマテリアリティの一つとして特定している資金調達者の事業活動を含む）

要素 3	科学的根拠のあるクライメート・トランジション戦略（目標と経路）

科学的根拠のある目標と経路
- 科学的根拠のある目標とは，パリ協定の目標の実現に必要な削減目標（Scope1～3が対象）
- 短中期目標は長期目標の経路上に設定
- 目標は地域や業種の特性など様々な事項を考慮して設定するため，経路は多様

参照・ベンチマーク
- 国際的に認知されたシナリオ：IEAのSDSなどのシナリオ
- 国際的に認知されたNGO等による検討：SBTiなど
- パリ協定と整合し，科学的根拠のある国別の削減目標や業種別のロードマップなど

要素 4	実施の透明性

投資計画の対象
- 設備投資（Capex）だけでなく，業務費や運営費（Opex）
- 研究開発費（R&D），M&A，解体・撤去費用

投資計画の実行による成果とインパクト
- 可能な場合には定量的な指標
- 定量化が困難な場合には，定性的な指標として外部認証を利用
- 「公正な移行」への配慮を組み込む

出所：金融庁・経済産業省・環境省「トランジション・ファイナンス基本指針概要」2頁

三浦 「トランジション」の対応に違いは設けられているのでしょうか。

弁護士 基本指針では，①「トランジション」というラベルを付与する金融商品として備えることを期待する基本的な事項（「べきである」），②満たしていなくても問題はないが採用することを推奨する事項（「望ましい」），③満たしていなくても問題はないが例示，解釈等を示した事項（「考えられる」または「可能である」）を区別しています。

三浦 温室効果ガス削減目標については①から③のいずれとされているのでしょうか。

弁護士 温室効果ガス削減目標について，基本指針では，最近の欧州を中心

とする議論ではスコープ3（事業者のサプライチェーンにおける事業活動に関する間接的な温室効果ガス排出量）まで含めることが望ましいとされていることなども踏まえ，スコープ3までを含め，「べきである」とされています。

　この点は，「トランジション・ファイナンス環境整備検討会」において，発行体に負荷が大きいのではないかという指摘も複数あったところですが，最終的には，世界的な標準に準拠することで信頼を得ることが重要であるとして，スコープ3までを含めて「べきである」とされることになりました。

トランジション・ファイナンスを行う際に必要な開示

三浦　トランジション・ファイナンスを行う際はどのような開示をすることになるのでしょうか。

弁護士　具体例を見てみましょう。日本郵船がトランジションボンドを発行した際の社債発行登録書類では，まず，トランジションボンド・フレームワークを策定しており，ICMAのクライメート・トランジション・ファイナンス・ハンドブックや金融庁・経済産業省・環境省のクライメート・トランジション・ファイナンスに関する基本指針に適合することについて外部機関からセカンドオピニオンを取得していることが記載されています。

　そのうえで，自社グループにおけるESG経営の考えや重点テーマ，ESG経営を支える仕組み（ガバナンス），SDGsに関連した重大課題への取組み，自社グループにおける温室効果ガスの削減目標とその達成に向けたプロセス，再生可能エネルギー分野への取組み，脱炭素化に向けた国際的な評価プロジェクトといった外部イニシアティブへの参加，トランジション目標がパリ協定の実現に寄与するものであることやトランジション戦略の実現に向けた取組みのための資金調達であるといったトランジションボンドの発行意義について記載されています。

三 浦 トランジションボンドの場合，グリーンボンドやソーシャルボンド
に比べ，トランジション戦略や発行意義についての情報開示が充実して
いますね。

弁護士 さらに，トランジションボンドで調達した資金の使途，具体的には，
LNG燃料船やLNG燃料供給船，LPG燃料船，運航高効率化や最適化の
各項目についての設備投資や技術開発に係る支出といったトランジショ
ンプロジェクトに資金充当することや，トランジションボンドで調達し
た資金を充当しない除外クライテリアについても記載されています。

　また，プロジェクトの評価と選定のプロセス，調達資金の管理，資金
充当状況やプロジェクトの状況等を開示するとされています（【図表
3-14】）。

図表3-14	社債発行登録書類におけるトランジションボンドの特記事項

【募集又は売出しに関する特別記載事項】

　当社は、以下の通り、グリーン／トランジションボンド・フレームワーク（以下、「本フレームワーク」）を策定しました。本フレームワークは独立した外部機関であるDNVビジネス・アシュアランス・ジャパン株式会社により、「グリーンボンド原則2021（ICMA）」、「環境省グリーンボンドガイドライン2020年版」、「クライメート・トランジション・ファイナンス・ハンドブック2020（ICMA）」及び「金融庁・経済産業省・環境省クライメート・トランジション・ファイナンスに関する基本指針（2021年5月版）」との適合性に関するセカンド・パーティー・オピニオンを取得しており、当社は本フレームワークに則り、グリーン又はトランジションボンドを発行致します。

　また、当社は第43回債および第44回債に関し、経済産業省の「令和3年度クライメート・トランジション・ファイナンスモデル事業」のモデル事例として選定されています。

1．1　NYKグループのESG経営

　当社グループは、海運業を中心として海・陸・空に広がるさまざまな輸送ネットワークをグローバルに展開しています。2021年2月には「NYKグループESGストーリー」を策定、ESGを経営戦略に統合し、「収益最大化」というモノサシに、ESGという新しいモノサシ、つまり「持続可能な社会・環境」という視点を加え、その両輪を事業活動の基盤となるガバナンスで支える、ESG経営の考えを示しています。

1．2　重点テーマ

　ESG経営で目指す「これからのNYKグループで創る新たな価値創造の取り組み」として、既存・新規双方の領域から、4つの事業テーマを選定しています。
① 安全運航
② GHG排出量削減
③ エネルギー分野への挑戦
④ 社会課題への貢献

1．3　ESG経営を支える仕組み（ガバナンス）

　ESG経営を推進するにあたっては、E（環境）やS（社会）の課題を正しく認識し、解決に向けた判断が適切になされているか、具体的な解決策が順調に進捗しているかをモニターし、その実効性を高めるための意思決定の場でのより深い議論が必要です。外部有識者も参加する新たな委員会を立ち上げ、外部ステークホルダーの声を反映。方向性を確認しながら、方針・目標の策定、NYKグループESGストーリーの進捗確認・評価を行い、定期的（年4回）に経営会議や取締役会に進捗を報告する体制を整備します。さらに、当社のESG経営をより加速させるためのガバナンス体制の整備にも取り組む考えです。

2．SDGsとマテリアリティ

　当社グループは、海・陸・空の幅広いフィールドで事業を展開する企業として、SDGs（Sustainable Development Goals：持続可能な開発目標）に関連し、重要課題である「安全」「環境」「人材」の対応・強化に取り組み、企業価値と社会価値の創出を追求するとともに、SDGsの達成に貢献していきます。

3．1　当社グループのGHG排出原単位削減目標

　当社グループはGHG排出量削減活動を促進するための気候変動対応の管理体制を構築しています。取締役会におけるGHG排出量削減活動の監督をはじめ、リスク管理委員会での気候変動に関するリスクの把握と対応状況のモニタリング、投資判断におけるＩＣＰ（Internal Carbon Pricing）の導入や、これまで先進的に取り組んできたグリーンファイナンス分野の追求など、あらゆる手段、体制で社内の気候変動への対応を推進しています。また、ＴＣＦＤの開示手法を意識し、気候変動による事業への影響など、将来のシナリオ変化に対応するため、モニターすべきポイントを定点観測する、新たな管理手法を導入しています。

　当社グループのGHG排出原単位削減目標（基準年：2015年比）は以下の通りです。

　2030年までの30％削減目標については、燃料転換、船舶（ハード）の改善、運航（ソフト）の改善による削減効果を見込んでいます。2050年までの50％削減目標については、ゼロエミッション船の投入が必要不可欠であり、新技術の採用も視野に入れています。

　また、環境負荷の低い輸送モードの提供に向けた６つの具体的施策を実施し、効率化・最適化の追求に加え、GHG排出量削減そのものにも注力していくことで、2050年の50％削減を目指します。なお、上述の目標は2018年にＳＢＴイニシアティブ認定を取得済みです。

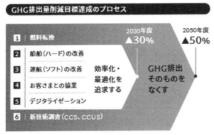

3．2　エネルギー分野への挑戦

　当社グループは、長年蓄積してきた知見や技術力及び、グローバルなネットワークを活用し、当社グループの新たな核となる事業とするべく再生可能エネルギー分野に挑戦しています。また、化石燃料からの転換として、ＧＨＧ排出量削減に寄与する水素・アンモニアのサプライチェーンをグローバルに構築することが期待されており、水素やアンモニアの輸送に向けた研究開発にも参加し、新たなエネルギーバリューチェーンの構築を推進していきます。

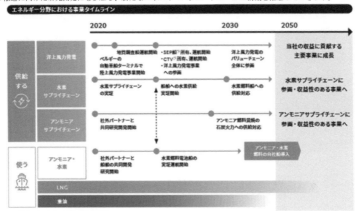

3．3　外部イニシアティブへの参加

● 「The Maersk Mc-Kinney Moller Center for Zero Carbon Shipping」に参画

　米国船級協会（ABS）、A.P.Moller-Maersk, Cargill, MAN Energy Solutions, 三菱重工業（株），Siemensと当社の7社を創立パートナーとし、ゼロカーボン輸送の研究を目的とする非営利団体として設立されました。同センターはInternational Maritime Organization（以下、「ＩＭＯ」）が定めたＧＨＧ削減戦略を実現するために、サプライチェーン全体における応用研究に共同で取り組みます。また、当社は同センターが主催する舶用燃料の脱炭素化に向けた国際的な評価プロジェクト、及びアンモニアの舶用燃料使用における安全性評価プロジェクトにも参画しております。

●企業連合「Getting to Zero Coalition」に参画

　同連合は「Global Maritime Forum」、「Friends of Ocean Action」、「World Economic Forum」間のパートナーシップをもとに設立され、海事、エネルギー、インフラ、金融各部門を代表する70社以上の企業・機関などが参加しています。同連合は海事産業の脱炭素化を促進するため、「ＩＭＯが定めたＧＨＧ削減目標を達成するために、2030年までに外航航路でゼロエミッション燃料による船舶の運航を商業ベースで実現する」目標を掲げています。

● 「Hydrogen Council」に参画

　水素に関する世界最大のグローバル・イニシアチブであるHydrogen Councilは2017年1月、ダボス会議（World Economic Forum）で発足した世界初、唯一の国際的な水素普及のための協議会です。水素燃料・燃料電池セクターへの投資の加速化と適切な政策・行動計画の策定・実施の実現を目指しており、当社は海運会社として世界で初めて同協議会に参画しました。

● 「一般社団法人クリーン燃料アンモニア協会」に理事として参加

　ＣＯ2フリーアンモニアの供給から利用までのバリューチェーンの早期構築にむけて、技術開発・評価、経済性評価、政策提言、国際連携などに取り組んでいます。130を超える国内外の企業・団体が参画する同協会において、当社は海運会社唯一の理事会社として参画しています。

● 「Global CCS Institute」に加盟

　ＣＯ2の回収・貯留（Carbon dioxide Capture and Storage、ＣＣＳ）技術の世界的な利用促進を図ることを目的に設立された国際的なシンクタンクです。

　ＣＣＳは、ＣＯ2を発電所や化学工場などの排出源で回収し、輸送用に圧縮してから厳選された安全な場所にある陸域や海底下などの岩層の奥深くに圧入し、永久に貯留する技術で、世界中で様々な方法で採用され、温室効果ガスの排出削減に貢献しています。

- ●「国際海運GHGゼロエミッション・プロジェクト」への参加
  同プロジェクトでは海運・造船・舶用の各海事産業界や研究機関・公的機関等と連携し、国際海運のゼロエミッションに向けたロードマップを2020年3月に策定しました。
- ●Climate Bonds Initiativeの産業分野クライテリアづくり「Shipping Industry WG」に参加
- ●ＴＣＦＤ提言への賛同
  2018年12月に賛同署名、2019年5月に「ＴＣＦＤコンソーシアム」に加入しました。

3．4　グリーン／トランジションボンドの発行意義

当社のトランジション目標はＩＭＯのＧＨＧ排出削減目標及び国土交通省による「国際海運のゼロエミッションに向けたロードマップ」等に合致し、パリ協定の実現に寄与するものと考えております。グリーン／トランジションボンドの発行をトランジション戦略の実現に向けた取り組みのための資金調達と位置付け、ステークホルダーの皆様に対して、改めて当社の取り組みを発信する契機となるものと考えております。なお、当社の長期的な戦略については政策等の前提条件の変更を踏まえて見直しを行う予定です。

4．1　調達資金の使途

グリーン／トランジションボンドで調達された資金は、以下の適格クライテリアを満たす適格プロジェクトに関連する新規支出及び既存支出のリファイナンスへ充当します。なお、既存投資の場合は、グリーン／トランジションボンド発行から3年以内に実施した支出に限ります。

なお、発行するボンドに応じて以下のプロジェクトカテゴリへの資金充当を行います。

グリーンボンド：グリーンプロジェクト
トランジションボンド：グリーンプロジェクト及び／又はトランジションプロジェクト

グリーンプロジェクト（環境目的：気候変動の緩和）

大項目	プロジェクト	グリーンボンド原則プロジェクトカテゴリ	ＳＤＧｓとの整合性
再生可能エネルギー	洋上風力発電設備設置に資するＳＥＰ船、ＣＴＶ導入に係る支出（設備投資、研究開発資金、事業開発・事業運営資金、運転資金等）	再生可能エネルギー	7．エネルギーをみんなにそしてクリーンに 8．働きがいも経済成長も 9．産業と技術革新の基盤をつくろう 13．気候変動に具体的な対策を 17．パートナーシップで目標を達成しよう
	グリーンターミナル設立、拡張に係る支出（設備投資、研究開発資金、事業開発・事業運営資金、運転資金等）		
アンモニア燃料船	アンモニアを主燃料とする液化アンモニアガス運搬専用船・タグボートに係る支出（設備投資、研究開発資金、事業開発・事業運営資金、運転資金等）		
水素燃料電池搭載船	高出力水素燃料電池搭載船に係る支出（設備投資、研究開発資金、事業開発・事業運営資金、運転資金等）		

トランジションプロジェクト

大項目	プロジェクト	SDGsとの整合性
LNG燃料船	LNG燃料船に係る支出（設備投資、研究開発資金、事業開発・事業運営資金、運転資金等）	7. エネルギーをみんなにそしてクリーンに 8. 働きがいも経済成長も 9. 産業と技術革新の基盤をつくろう 13. 気候変動に具体的な対策を 17. パートナーシップで目標を達成しよう
LNG燃料供給船	LNG燃料供給（LNGを燃料とするLNGバンカリング船）に係る支出（設備投資、研究開発資金、事業開発・事業運営資金、運転資金等）	
LPG燃料船	LPG燃料船に係る支出（設備投資、研究開発資金、事業開発・事業運営資金、運転資金等）	
運航高効率化&最適化	運航の高効率化&最適化に資する技術開発に係る支出（設備投資、研究開発資金、事業開発・事業運営資金、運転資金等）	

4．2　除外クライテリア

　グリーン／トランジションボンドで調達された資金は下記に関連するプロジェクトには充当しません。
・所在国の法令を遵守していない不公正な取引、贈収賄、腐敗、恐喝、横領等の不適切な関係
・人権、環境等社会問題を引き起こす原因となり得る取引

4．3　プロジェクトの評価と選定のプロセス

　当社の財務グループが4．1にて定めた適格プロジェクトを選定し、選定された適格プロジェクトの最終決定は財務グループ担当役員が行います。プロジェクトの適格性の評価については、財務面、技術・運営面、市場環境、ESG面のリスクを総合的に分析・検討しています。また、プロジェクトの運営・実施にあたっては、関係する各部において周辺環境の保全に取り組んでいるほか、PDCAサイクルにおいて定期的にモニタリングしております。

4．4　調達資金の管理

　当社ではグリーン／トランジションボンドの発行による手取り金について、全額が充当されるまで、1年毎に当社財務グループが内部管理システムを用いて調達資金の充当状況を管理します。調達資金は発行から2年以内に適格プロジェクトへ充当予定となり、グリーン／トランジションボンドの調達資金相当額の全額が充当されるまでの間は、現金又は現金同等物等にて管理されます。

5．1　資金充当状況レポーティング

　当社は、適格クライテリアに適合するプロジェクトに調達資金が全額充当されるまで、資金の充当状況を年次でウェブサイト上に公表します。
　開示内容は、プロジェクト大項目単位での資金充当額、調達資金の未充当資金金額及び調達資金の充当額のうち既存の支出として充当された金額です。
　なお、調達資金の充当計画に大きな変更が生じる等の重要な事象が生じた場合は、適時に開示します。

5．2　インパクト・レポーティング

　当社は、グリーン／トランジションボンドの資金が充当されるまでの間、以下の指標及びプロジェクト概要を実務上可能な範囲で当社ウェブサイト上に公表します。

大項目	プロジェクト	レポーティング事項
再生可能エネルギー	洋上風力発電設備設置に資するSEP船、CTV導入に係る支出（設備投資、研究開発資金、事業開発・事業運営資金、運転資金等）	・導入実績（隻数）及び主な仕様 ・導入された洋上風力発電の設置場所、基数及び発電容量（MW）
	グリーンターミナル設立、拡張に係る支出（設備投資、研究開発資金、事業開発・事業運営資金、運転資金等）	・導入された風力発電の出力、基数 ・太陽光発電パネルの数及び発電容量（kW）
アンモニア燃料船	アンモニアを主燃料とする液化アンモニアガス運搬専用船・タグボートに係る支出（設備投資、研究開発資金、事業開発・事業運営資金、運転資金等）	・アンモニア燃料船の隻数・主な仕様
水素燃料電池搭載船	高出力水素燃料電池搭載船に係る支出（設備投資、研究開発資金、事業開発・事業運営資金、運転資金等）	・水素燃料電池搭載船の隻数・主な仕様
LNG燃料船	LNG燃料船に係る支出（設備投資、研究開発資金、事業開発・事業運営資金、運転資金等）	・LNG燃料船の隻数・主な仕様 ・GHG排出量（mt／隻／年） ・重油を燃料とした場合と比較したGHG・CO_2・SOx・NOx排出削減量（%）
LNG燃料供給船	LNG燃料供給船（LNGを燃料とするLNGバンカリング船）に係る支出（設備投資、研究開発資金、事業開発・事業運営資金、運転資金等）	・LNG燃料供給船の隻数・主な仕様 ・GHG排出量（mt／隻／年） ・重油を燃料とした場合と比較したGHG・CO_2・SOx・NOx排出削減量（%）
LPG燃料船	LPG燃料船に係る支出（設備投資、研究開発資金、事業開発・事業運営資金、運転資金等）	・LPG燃料船の隻数・主な仕様 ・GHG排出量（mt／隻／年） ・重油を燃料とした場合と比較したGHG・CO_2・SOx排出削減量（%）
運航高効率化＆最適化	運航の高効率化＆最適化に資する技術開発に係る支出（設備投資、研究開発資金、事業開発・事業運営資金、運転資金等）	・標準的な運航と比較した場合の、設備及びシステム導入前後におけるGHG・CO_2・SOx・NOx排出削減量又は割合（%）

※　レポーティング項目は各項目のいずれかまたは全てを開示予定

出所：日本郵船株式会社，2021年7月21日付「発行登録追補書類」11〜17頁

第 *4* 章

サステナビリティ・ESGと
独占禁止法

　第4章では，サステナビリティ・ESGとカルテル，M&A（企業結合審査）について見ていきます。

サステナビリティ・ESGとカルテル

▌レジ袋利用抑制のための有料化の取組み事例

（三　浦）　サステナビリティについての取組みは環境や社会にとって有益であることは理解できるのですが，やはりビジネスとしてはコストの問題があります。事業部門からは，同業他社と取決めをすることや共同で実証実験を行うこと，また，共同研究開発をすることでコストを抑えたいが，独占禁止法上問題はないかとの問い合わせが来ています。

（弁護士）　まずは同業他社との取決めから考えてみましょう。この点については，少し古いですが，複数の小売業者によるレジ袋利用抑制のための有料化の取組みについての公取委への相談事例があります。事案の概要は次のとおりです。

---

①　かねてからＡ市の小売事業者は商品の販売に際して顧客にレジ袋を無償で提供してきたところ，Ａ市の小売事業者は数年前からそれぞれ独自にポイント制（レジ袋を辞退するごとにポイントが付与され，取得したポイントに応じて割引が得られる制度）を導入するなどして，レジ袋の利用を抑制するための活動を行ってきた。

②　ポイント制を導入することにより，レジ袋の利用の抑制に一定の効果は得られたものの，その後，その効果は頭打ちの傾向にあり，より一層のレジ袋の利用の抑制を図るためにレジ袋を有料化する方法に注目が集まるようになったものの，自社が先行してレジ袋を有料化すればレジ袋を無償で提供している競争事業者に顧客を奪われるのではないかという懸念から実際に独自にレジ袋の有料化に踏み切る小売事業者はごく一部しか存在しなかった。

③　このような状況のもと，2007年4月，改正容器包装リサイクル法が施行され，レジ袋の有料化がレジ袋の排出抑制を促進するために小売事業者に推奨される行為の1つとして位置づけられることとなったものの，Ａ市ではレジ袋の利用を抑制してごみの減量化を図ること自体については住民の間でそうすべきであるとの合意が形成されてきたが，その手段・方法としてのレジ袋の有料化について

は住民の間で合意が形成されているとまでは言い難い状況にあり，先行して独自
にレジ袋の有料化に踏み切る小売事業者は少なかった。

④　そこで，A市は，同市内の住民団体や同市の小売事業者に呼びかけてレジ袋
の利用を抑制するための方策等を検討するための協議会を発足させることとし，
小売事業者はそれぞれ独自の判断に基づいて協議会に参加することとしたところ，
A市の小売事業者のほとんどすべてが参加することとなり，協議会における議論
を経て，A市，同市内の住民団体および参加小売事業者各社は，2007年×月△
日以降，市内の小売店舗での商品の販売に際してレジ袋の提供を有料化し，その
単価については1枚5円とするという内容の協定（「本件取決め」）を締結するこ
ととした。

出所：公正取引委員会「独占禁止法に関する相談事例集（平成19年度）事例3　レジ袋の利用抑制のた
　　　めの有料化の取組」

弁護士　このような事実関係のもと，公取委は次のとおり回答しています。

（ⅰ）本件取決めの対象となっている事業活動は参加小売事業者各社がレジ袋を
1枚5円で提供するというものであるが，レジ袋は一般的にその購入を目的とし
て顧客が来店するものではないといえ，小売事業者の事業活動という観点からす
ればレジ袋の提供は商品提供というよりも副次的なサービスの1つと捉えられる
ため，参加小売事業者間の競争が行われている場はレジ袋の取引ではなく当該小
売事業者が販売する商品全体の取引と捉えられる。

（ⅱ）A市では，ほとんどすべての小売事業者が本件取組みに参加することにな
るためレジ袋が必要な顧客にとってはレジ袋を無償提供または安値で提供する小
売事業者を選択する余地がほとんどなくなることになるが，

⑴　本件取決めによって小売事業者間での商品の販売についての競争は制限され
ず，

⑵　レジ袋は顧客にとって小売店舗での商品購入にあたり必要不可欠なものとは
いえず，また，顧客はその購入を目的として来店するものではなく，

⑶　レジ袋の利用抑制の必要性について社会的理解が進展しており，正当な目的
に基づく取組みであるといえ，

⑷　本件取決めの内容は，①レジ袋の利用の抑制という目的達成のための手段と
して以前から行われてきたポイント制等の手段ではその効果に限界がみられる一
方，レジ袋の有料化はポイント制等に比べて効果が高いと認められること，②単

価を取り決めなければレジ袋の利用の抑制という目的を達成できないような安価な提供に陥る可能性があること，③取り決められる単価の水準として単価5円は目的達成のために顧客が受忍すべき範囲を超えるものとは考えられない。

（ⅲ）以上から，本件取決めは，目的に照らして合理的に必要とされる範囲内であるため，ただちに独占禁止法上問題となるものではないと考えられる。

三　浦　正当な目的に照らして合理的に必要とされる範囲内であればただちに独占禁止法上問題ではないと判断されているということですね。

レジ袋有料化に伴う事業者団体による単価統一の取組み事例

弁護士　最近でも，特定の業態の小売業者を会員とする団体がレジ袋有料化の義務づけに伴い，会員の店舗において提供されるレジ袋について，従来のレジ袋は今後提供しないこととし，環境負荷の小さいレジ袋を単価3円で提供することを内容とするガイドラインを策定することについて独占禁止法上問題となるものではないと公取委が回答した相談事例があります。事案の概要は次のとおりです。

① X協会は特定小売業者を会員とする団体であるところ，日本における特定小売業者のほとんどはX協会の会員となっている。

② かねてからX協会の会員である特定小売業者は店舗で商品を購入した一般消費者に対してレジ袋を無償で提供してきたが，2019年5月に政府が制定した「プラスチック資源循環戦略」ではプラスチック製容器包装・製品に係るリデュース（削減）等の徹底が重点戦略の1つとして位置づけられており，その取組みの一環として2020年7月から小売業者が提供するレジ袋について原則として有料化が義務づけられることとなった。
環境負荷の小さい一定のレジ袋は有料化の義務づけの対象外とされているが，それらのレジ袋についても政府のガイドラインにおいてリデュース等の徹底という観点から環境性能に応じた適正な対価が支払われることが期待されている。

③ このような状況を踏まえ，X協会は自らが一般消費者に対して実施したレジ袋に関する意識調査の結果も勘案し，会員の店舗において提供されるレジ袋

について，（1）有料化義務づけの対象となるレジ袋の提供を取りやめる一方で，環境負荷が小さく有料化義務づけの対象外である特定の種類のレジ袋（「特定レジ袋」）を有料で提供することとすること，（2）特定レジ袋の価格は単価3円とすることを内容とするガイドライン（「本件ガイドライン」）を策定することを検討しており，本件ガイドラインを遵守するか否かは会員の自由である。

出所：公正取引委員会「独占禁止法に関する相談事例集（令和元年度）事例12 レジ袋の有料化に伴う事業者団体による単価統一等の取組」

弁護士　このような事実関係のもと，公取委は次のとおり回答しています。

(i) 特定小売業者の顧客である一般消費者にとって店舗において提供されるレジ袋は購入した商品を持ち帰るために使用するものであり，一般消費者がレジ袋の提供を受けること自体を目的として入店することは考えにくく，その点に関しては，レジ袋の有料化義務づけが実施された後においても同様であると考えられ，特定小売業者の競争手段は店舗における商品の提供であり，レジ袋の提供は商品の提供に付随する副次的なサービスの1つにすぎないことから，本件の一定の取引分野についてはレジ袋の取引ではなく日本における特定小売業者の業種に係る小売業（当該小売業における商品の販売分野）である。

(ii) X協会の会員は店舗で販売する商品の価格，品質，品揃え等について競争を行っており，本件取組みは会員が販売するレジ袋の種類および単価を決定するものであるところ，本件取組みが実施されても副次的なサービスであるレジ袋の提供の方法が制限されるだけであり，会員間における商品に関するこれらの競争を制限することにはならないこと，また，本件取組みは政府が進めるプラスチック資源循環戦略の趣旨を踏まえた正当な目的に基づくものであり，取組みの内容もその目的に照らして合理的に必要とされる範囲内のものである。

(iii) 以上から，本件取組みは一定の取引分野における競争を実質的に制限するものではなく，独占禁止法上問題となるものではない。

「正当な目的」とは

三 浦 ここでも，正当な目的があり，手段がその目的に照らして合理的に必要とされる範囲内のものであれば独占禁止法上問題となるものではないと判断されているということですね。

弁護士 このように，公取委は，「正当な目的」があることを従来から考慮しており，近時，政府がカーボンニュートラルといった種々の政策を進めていることに鑑みると，サステナビリティを目的とする取組みについては「正当な目的」があるといいやすくなるのではないかと考えられます。

三 浦 ただ，レジ袋の場合，副次的なものであることが独占禁止法上問題とはならないという判断に大きな影響を与えているようですが，サステナビリティを目的とする取組みであれば，同業他社との取決めの内容が副次的なものにとどまらない場合でも問題ないのでしょうか。

弁護士 取決めの対象が「副次的なサービス」ではなく「本来のサービス」となった場合にも「正当な目的」があれば独占禁止法上問題がないのか，また，「本来のサービス」についての取決めがどのような内容であれば「合理的に必要とされる範囲内のもの」といえるかは個別に考えていく必要があります。

　事業部門が考えている同業他社との取決めについて，副次的なサービスについてのものであるのか，それとも本来のサービスについてのものであるのか，また，後者である場合には具体的にどのような内容を検討しているのか確認してみることにしましょう。

競合する輸送機械メーカーによる商品のレンタルサービスの共同実施の事例

三 浦 次に，実証実験を同業他社と共同で行うことについてはどのように考えられているのでしょうか。

弁護士　この点も公取委への相談事例を見てみましょう。事案の概要は次の
とおりです。

---

①　相談者である輸送機械AのメーカーであるX社およびY社の市場シェアは，
X社が約50％（第1位），Y社が約30％（第2位）である。

②　輸送機械Aには，構造および燃料の異なる輸送機械A1と輸送機械A2が存
在する。輸送機械A1については，2社とも製造販売を行っている。輸送機械A
2については，現在はY社のみが製造販売を行っているが，X社も今後製造販売
を行うこととしている。

③　近い将来，環境規制の強化により，輸送機械A1は環境基準に適合しなくな
る可能性があることから，輸送機械Aのメーカーにとっては，今後，環境基準に
適合する輸送機械A2の普及が重要な課題となっている。輸送機械A2の販売台
数はまだ僅少であり，今後，輸送機械A2を普及させるためには，輸送機械A2
の利用実態を把握することが課題となっている。

そこで，2社は，実証実験として，Z駅の近隣にレンタル拠点を設置し，次のと
おり，輸送機械A2のレンタルサービス等を共同で実施したいと考えている。た
だし，同拠点の利用圏内には，同種または類似の事業を行っている事業者は存在
しない。

（1）実証実験の実施地域はZ駅周辺とし，実施地域は拡大しない。

（2）実証実験の実施期間は3年間とし，実施期間は延長しない。

（3）レンタルする輸送機械A2の台数は少数に限定する。

出所：公正取引委員会「独占禁止法に関する相談事例集（平成29年度）事例6 競合する輸送機械メー
　　　カーによる商品のレンタルサービスの共同実施について」

弁護士　このような事実関係のもと，公取委は次のとおり回答しています。

（ⅰ）本件は，輸送機械AのメーカーであるX社およびY社が，環境基準に適合
する輸送機械A2のレンタルサービスに係る実証実験を行うものであるところ，

（1）2社による輸送機械A2の普及を目的とした実証実験であり，実施期間や
実施地域が限定され，期間の延長または地域の拡大の予定はなく，

（2）当該レンタル拠点の近隣において，同種または類似の事業を行っている事
業者が存在しないところ，レンタルする輸送機械A2の台数が少数に限定されて
おり，当該利用圏内における同種または類似の事業への新規参入を困難にさせる
おそれがあるとはいえない。

150

（ⅱ）以上から，レンタル拠点の利用圏内における輸送機械Ａ２のレンタルサービス事業分野における競争を実質的に制限するものではなく，独占禁止法上問題となるものではない。

三　浦　期間や地域が限定されていて，新規参入を困難にしていないことが独占禁止法上問題ないと判断された要素とされているということですね。

共同研究開発

弁護士　次に，共同研究開発について考えてみましょう。

　同業他社との共同研究開発については，公取委が策定している共同研究開発ガイドラインがありますので，まずはその内容を見ていきましょう。

　共同研究開発ガイドラインでは，研究開発の共同化によって参加者間で研究開発活動が制限され，技術の市場（「技術市場」）または当該技術を用いた製品の市場（「製品市場」）における競争が実質的に制限されるおそれがある場合には，その研究開発の共同化は独占禁止法３条（不当な取引制限）の問題となりうるとしています。

　そして，研究開発の共同化の問題については，個々の事案について，競争促進的効果を考慮しつつ，技術市場または製品市場における競争が実質的に制限されるか否かによって判断されるところ，①参加者の数，市場シェア等，②研究の性格，③共同化の必要性，④対象範囲，期間等が総合的に勘案されるとされています。

三　浦　①参加者の数，市場シェア等については具体的にどのようなことが問題とされるのでしょうか。

弁護士　一般的に，参加者の市場シェアが高く，技術開発力等の事業能力に優れた事業者が参加者に多いほど，独占禁止法上問題となる可能性は高くなり，逆に参加者の市場シェアが低く，また，参加者の数が少ないほど，独占禁止法上問題となる可能性は低くなります。

　　共同研究開発ガイドラインでは，共同研究開発が特定の製品の改良や代替品の開発を目的としたものである場合，参加者の当該製品の市場シェアの合計が20％以下であるときには，通常は独占禁止法上問題とならないとのセーフハーバーが設けられています。

（三　浦）　共同研究開発では，当該製品の参加者や市場シェアについてだけ考えればよいのでしょうか。

（弁護士）　研究開発の共同化に関連する市場としては，製品とは別に，成果である技術自体が取引されますので，技術市場も考えられます。

　　技術市場における競争制限の判断にあたっては，参加者の当該製品についての市場シェア等ではなく，その技術市場において研究開発の主体が相当数存在するかどうかが基準となります。

　　その際，技術はその移転コストが低く，国際的な取引の対象となっていることから，その技術市場における顕在的または潜在的な研究開発主体としては，国内事業者だけでなく，外国事業者も考慮する必要があります。

　　そして，通常は，相当数の研究開発主体が存在することが多く，そのような場合には，独占禁止法上問題となる可能性は低いと考えられています。

競合するメーカーによる共同研究の事例

（三　浦）　②研究の性格についてはどうでしょうか。

（弁護士）　研究開発は，段階的に基礎研究，応用研究および開発研究に類型化することができますが，この類型の差は共同研究開発が製品市場における競争に及ぼす影響が直接的なものであるか，間接的なものであるかを判断する際の要素として重要となります。

　　そして，特定の製品開発を対象としない基礎研究について共同研究開発が行われたとしても，通常は，製品市場における競争に影響が及ぶことは少なく，独占禁止法上問題となる可能性は低いと考えられています。

　一方，開発研究については，その成果がより直接的に製品市場に影響を及ぼすものであることから，独占禁止法上問題となる可能性が高くなります。

　　この点についての公取委への相談事例を見てみましょう。事案の概要は次のとおりです。

---

①　相談者である輸送機械Ａのメーカー８社の市場シェアは合計約90％であり，８社は，各社において，輸送機械Ａに搭載する部品αの開発および製造を行っている。

②　輸送機械Ａの業界では，温室効果ガスの排出量を低減する等の目的から，部品αの性能向上が課題の１つとなっているところ，部品αの動作時に生じる現象についての基礎研究が必要不可欠である。

しかし，このような基礎研究の実施には，多くの人的資源と資金が必要となる一方，その成果が確実に得られるとは限らないため，個別各社での取組みは十分に行われていない。

③　８社は，今後，共同して，部品αの性能向上につなげるための基礎研究を大学または研究機関に委託し，研究成果を共有することを検討している。具体的な内容は，次のとおりである。

（１）部品αに関する技術の研究活動ならびに共同研究の成果を利用した製品の開発および製造については，８社が独自かつ自由に行う。

（２）共同研究の期間は３年を予定しているが，一定の研究成果が得られた場合には，共同研究を継続する。

（３）共同研究の成果の利用条件について，８社に対しては無償とし，共同研究の非参加者に対しては合理的な対価で提供する。

出所：公正取引委員会「独占禁止法に関する相談事例集（平成28年度）事例２　競合するメーカーによる共同研究」

弁護士　このような事実関係のもと，公取委は次のとおり回答しています。

（１）本件は，輸送機械Ａの製造販売分野における市場シェアが合計約90％となる８社による共同研究であり，また，一定の成果が得られた場合には，共同研究を継続することとしているものの，

（２）共同研究の対象は，部品αの性能向上につなげるための基礎研究に限られ，

（3）　8社が独自かつ自由に行う部品αに関する技術の研究活動ならびに共同研究の成果を利用した製品の開発および製造について，特段の制限を設けるものではなく，

（4）　共同研究は，実施にあたり多くの人的資源等が必要となる一方，その成果が確実に得られるとは限らないため，個別各社では行いにくいものであり，共同して行う必要性が認められ，

（5）　共同研究の成果について，共同研究の非参加者に対しても合理的な対価で提供し利用を制限しないとしている。

（6）　以上から，輸送機械Aの製造販売分野および部品αに関する技術の取引分野における競争を実質的に制限するものではなく，独占禁止法上問題となるものではない。

三浦　共同研究の対象や必要性，成果を合理的な対価で非参加者にも提供するとしていることが独占禁止法上問題ないと判断された要素とされているということですね。

産業用機械メーカーによる基礎技術に係る共同研究の事例

弁護士　この点については，公取委への相談の際にSDGsの観点にも言及した最近の相談事例がありますので，それも見ておきましょう。事案の概要は次のとおりです。

①　相談者である産業用機械Aのメーカー6社の市場シェアの合計は約80％であり，6社はいずれも技術開発力に優れている。

②　産業用機械Aはさまざまな産業で使用されているほか，新規の産業での活用も注目されており，今後市場の拡大が見込まれている。産業用機械Aの基礎技術の研究分野には未知・未解明な領域が多く，さらなる裾野の拡大と研究の深化が求められており，また，研究に携わる人材の育成も急務となっている。

しかしながら，産業用機械Aの基礎技術の研究に関しては，多額の資金を要するうえに，製品化して市場への発売に成功するものは一部に限られるため，投資した資金を回収できるかどうかわからないという不確実性があり，メーカーにおいて研究に割くことができるリソースが限定的であるという課題がある。

産業用機械Aに関し，産業・技術革新に係るSDGsに則った技術革新の基盤を

154

強化するためには，メーカー各社が基礎技術の研究分野において相互に連携し，各社が単独で行うよりも研究の規模・内容を拡大・深化することが必要になっている。

③　そこで，6社は，産業用機械Aの基礎技術の研究を共同で実施するため，次の取組みを検討している。

（1）6社は共同して技術研究組合（「本件組合」）を設立する。次の要件を満たせば，6社以外の産業用機械Aのメーカーも，本件組合に参加することができる。

（a）国内に産業用機械Aの生産拠点を置いていること。

（b）共同研究のパートナーたりうる相応の技術力を有していること。

（2）本件組合における共同研究は特定の製品の開発を対象とするものではなく，産業用機械Aの基礎技術の研究に関するものとし，共同研究の範囲は技術α，技術βおよび技術γの3項目とする。当該3項目については大学等と連携して研究を進める。

（3）共同研究の実施期間は5年間とし，期間終了の後，本件組合は解散する。

（4）共同研究によって得られた成果については6社は無償で利用することができる。また，6社以外の産業用機械Aメーカーも無償または合理的な対価で当該成果を利用することができる。

（5）産業用機械Aの基礎技術に係る研究は6社のほか，海外の産業用機械Aのメーカー，国内外の大学等でも行うことができる。そのため，産業用機械Aの基礎技術に係る顕在的または潜在的な研究開発主体の数は相当な数に上ると考えられる。

（6）なお，6社は本件組合における研究の成果である技術を利用した研究開発の制限や成果に基づく産業用機械Aの生産・販売地域，販売数量，販売先，販売価格の制限等を取り決めることはしない。

出所：公正取引委員会「独占禁止法に関する相談事例集（令和2年度）事例7　産業用機械メーカーによる基礎技術に係る共同研究の実施」

弁護士　このような事実関係のもと，公取委は次のとおり回答しています。

（i）（1）産業用機械Aの基礎技術に係る顕在的または潜在的な研究開発主体としては海外の産業用機械Aメーカー，国内外の大学等が存在しており，その数は相当な数に上ると考えられる。

（2）本件取組みは産業用機械Aの基礎技術の研究に関するものであり，特定の製品の開発を対象とするものではないため，6社の間で製品の開発競争が損なわ

れる可能性は低い。また，一般に，製品の共同開発の場合には，開発過程における知識の共有等を通じて製品の発売に伴う価格，数量，仕様等に関する情報が共有され，事業者間に協調が生じる可能性があるが，本件取組みは基礎技術に係る共同研究であるので，6社間で知識が共有されても，そのような協調が生じるおそれは低い。

（3）産業用機械Aの基礎技術の研究に関しては，多額の資金を要するうえに，製品化して市場への発売に成功するものは一部に限られるため，投資した資金を回収できるかどうかがわからないという不確実性があり，メーカーにおいて研究に割くことができるリソースが限定的であることから，6社が共同して行う必要があると認められる。

（4）本件取組みにおいては，共同研究の範囲に関して技術α，技術βおよび技術γという3つの研究項目を定めており，また，共同研究の実施期間は5年間に限定されている。

（5）以上の状況を総合的に勘案すれば，産業用機械Aの製造販売分野における6社の市場シェアの合計が約80％に上ることおよび6社がいずれも技術開発力に優れていることを考慮しても，本件取組みによって産業用機械Aに係る技術市場または製品市場における競争が実質的に制限されることにはならないといえる。

（ⅱ）本件取組みについては，基礎技術の研究に関するものではあるものの，産業用機械Aの製造に不可欠な技術の開発に結び付くことはありうる。その意味で，本件取組みは，産業用機械Aの製品市場における競争に影響を与える可能性はある。

　もっとも，6社以外の産業用機械Aメーカーは，国内に産業用機械Aの生産拠点を置いている場合であって，共同研究のパートナーたりうる相応の技術力を有しているときは本件取組みに参加することができる。

　また，本件取組みに参加できないメーカーも本件取組みによる研究の成果を無償または合理的な対価で利用することができる。

　このため，本件取組みによって6社以外の産業用機械Aメーカーが産業用機械Aの製品市場から排除されることにはならない。

（ⅲ）以上から，本件取組みは独占禁止法上問題となるものではない。

三浦　③共同化の必要性についてはどうでしょうか。

弁護士　研究にかかる時間やコスト，リスクが膨大であり，単独で負担することが困難な場合，自己の技術的蓄積，技術開発能力等から見て他の事

業者と共同で研究開発を行う必要性が大きい場合等には，研究開発の共同化は研究開発の目的を達成するために必要なものと認められ，独占禁止法上問題となる可能性は低いと考えられています。

　また，環境対策等への対応を目的として行われる共同研究開発については，そのことだけをもってただちに独占禁止法上問題ないとはいえないものの，研究にかかるリスクやコスト等から単独で行うことが困難な場合には独占禁止法上問題となる可能性は低いとされています。

輸送機械メーカー5社による共同研究の事例

（三浦）　④共同研究開発の対象範囲，期間等についてはどうでしょうか。

（弁護士）　対象範囲，期間等が明確に定められている場合には，それらが必要以上に広汎に定められている場合に比べ，市場における競争に及ぼす影響は小さいことになります。

　公取委への相談事例を見てみましょう。事案の概要は次のとおりです。

---

①　相談者である輸送機械Aのメーカー5社の市場シェアの合計は約90％であり，5社は，各社において，輸送機械Aに搭載するエンジンの開発および製造を行っている。

②　輸送機械メーカーの業界では，地球温暖化防止のため，輸送機械Aのエンジンについて，温室効果ガスの排出量を低減する新技術（「新技術」）の開発が求められている。

　新技術を開発するためには，輸送機械Aに搭載するすべてのエンジン作動時に発生する窒素酸化物の発生等の現象が生じるメカニズム等の基本的な原理を解明することが必要不可欠である。

　しかし，輸送機械Aのエンジン作動時に発生する現象の研究（「現象研究」）には膨大な時間と費用を要することから，輸送機械メーカー各社が独自に現象研究に取り組むことは困難な状況にある。

③　5社は，今後，共同して，輸送機械Aのエンジンに係る現象研究を大学または研究機関に委託し，研究成果を共有すること（「本件共同研究」）を検討している。本件共同研究の具体的な内容は次のとおりである。

（ⅰ）本件共同研究の対象は，輸送機械Aのエンジンに係る現象研究に限られ，

> エンジンに関する新技術の研究や新技術を利用したエンジンの開発および製造は，輸送機械メーカー各社が独自に行う。
> （ⅱ）本件共同研究の期間は3年を上限とする。

出所：公正取引委員会「独占禁止法に関する相談事例集（平成25年度）事例8　輸送機械メーカー5社による共同研究」

弁護士　このような事実関係のもと，公取委は次のとおり回答しています。

> （ⅰ）本件は，輸送機械Aの製造販売分野における市場シェアの合計が約90%となる5社による共同研究であるが，
> （1）本件共同研究の対象は輸送機械Aのエンジンに係る現象研究に限られ，
> （2）研究期間は3年を上限とすることから，必要以上に広汎にわたるものとは認められない。
> （ⅱ）以上から，輸送機械Aおよびそのエンジンにおける製造販売市場および技術市場の競争に与える影響は小さいと考えられ，独占禁止法上問題となるものではない。

三浦　このほかに共同研究開発で気をつけることはあるのでしょうか。

弁護士　参加者の市場シェアの合計が相当程度高く，規格の統一や標準化につながるといったその事業に不可欠な技術の開発を目的とする共同研究開発において，ある事業者が参加を制限されることでその事業活動が困難となり，市場から排除されるおそれがある場合，例外的に共同研究開発が独占禁止法上問題となることがあることには留意しておきましょう。

共同研究開発における「正当な目的」

三浦　共同研究開発では先ほどのレジ袋の事例で登場した「正当な目的」についてはどのように考えられているのでしょうか。

弁護士　共同研究開発も同じ枠組みです。すなわち，研究開発活動の制限や自主規制がサステナビリティなどの目的に照らして合理的に必要とされ

158

る範囲内のものであれば独占禁止法上問題とはなりません。

　もっとも，研究開発活動の成果である技術を利用した製品の使用など
が法令上禁止されるものではない場合，研究開発活動の制限や自主規制
は目的に照らして合理的に必要とされる範囲内のものとはいえず，独占
禁止法上問題となりえます。

　この点に関する公取委への相談事例を見てみましょう。事案の概要は
次のとおりです。

---

①　道路運送車両法上，小型特殊自動車に分類される農耕作業用自動車に，果樹
園等の薬剤散布に用いる農業用薬剤散布車があり，年間7,000台程度製造されて
いたところ，規制緩和の一環として，道路運送車両法施行規則等が改正され，農
耕作業用自動車について車検制度や寸法制度の廃止，最高速度の緩和（35km／
ｈ未満まで）等の見直しが行われた。
②　改正前の小型特殊自動車の最高速度は15km／ｈ以下であり，農業用薬剤散
布車の機能もこれを念頭においているため，35km／ｈでの走行については，こ
れまで全く想定しておらず，現状の農業用薬剤散布車の機能では対応できない
（不整地対応の彫りの深い特殊タイヤを使用し，高速走行には適していないなど）。
③　その用途から，果樹園内を高速で走行したいというニーズはないと考えられ
るが，自宅から果樹園までの一般道路をできるだけ速く走りたいというユーザー
のニーズは予想されるところであり，これに早急に対応するため，十分な安全性
の確認がなされないまま，新製品の開発が行われることも考えられることから，
相談団体として，安全性確保のため，一定期間（たとえば最高速度35km／ｈに
対応できるタイヤが開発されるまでなど）最高速度35km／ｈ対応の農業用薬剤
散布車は開発しないというような自主規制を行う。

出所：公正取引委員会「事業者団体の活動に関する主要相談事例（平成14年３月）事例28 新製品開発
　　　に関する自主規制」

弁護士　このような事実関係のもと，公取委は次のとおり回答しています。

（ⅰ）特定の種類の商品または役務を構成事業者が開発・供給しないことを決定し，これにより市場における競争を実質的に制限することは，独占禁止法8条1項1号の規定に違反する。

また，市場における競争を実質的に制限するまでに至らない場合であっても，原則として独占禁止法8条1項4号の規定に違反する。

（ⅱ）安全性が確認されるまでということではあっても，団体として最高速度35km／h対応の農業用薬剤散布車を開発しないというような自主規制を行うことは，メーカー間の自由な製品開発競争を妨げ，重要な競争手段である商品の品質，性能等を制限するおそれがあり，そのような場合には独占禁止法上問題となるおそれがある。

（ⅲ）なお，団体として会員に対し，農業用薬剤散布車の開発にあたっては，安全性に問題のない商品開発を行っていく必要がある旨を一般的に呼び掛けることは独占禁止法上問題ない。

【共同研究開発に関する独占禁止法上の指針（共同研究開発ガイドライン）】

第1　研究開発の共同化に対する独占禁止法の適用について
1　基本的考え方

　研究開発の共同化によって参加者間で研究開発活動が制限され，技術市場又は製品市場における競争が実質的に制限されるおそれがある場合には，その研究開発の共同化は独占禁止法第3条（不当な取引制限）の問題となり得ると考えられる。共同研究開発が事業者団体で行われる場合には独占禁止法第8条の，また，共同出資会社が設立される場合には独占禁止法第10条の問題となることがある。

　研究開発の共同化が独占禁止法上主として問題となるのは，競争関係（潜在的な競争関係も含む。以下同じ。）にある事業者間で研究開発を共同化する場合である。競争関係にない事業者間で研究開発を共同化する場合には，通常は，独占禁止法上問題となることは少ない。事業者は，その製品，製法等についての研究開発活動を通じて，技術市場又は製品市場において競争することが期待されているところであるが，競争関係にある事業者間の共同研究開発は，研究開発を共同化することによって，技術市場又は製品市場における競争に影響を及ぼすことがある。

　共同研究開発は，多くの場合少数の事業者間で行われており，独占禁止法上問題となるものは多くないものと考えられるが，例外的に問題となる場合としては，例えば，寡占産業における複数の事業者が又は製品市場において競争関係にある事業者の大部分が，各参加事業者が単独でも行い得るにもかかわらず，当該製品の改良又は代替品の開発について，これを共同して行うことにより，参加者間で研究開発活動を制限し，技術市場又は製品市場における競争が実質的に制限される場合を挙げることができる。

2　判断に当たっての考慮事項

（1）研究開発の共同化の問題については，個々の事案について，競争促進的効果を考慮しつつ，技術市場又は製品市場における競争が実質的に制限されるか否かによって判断されるが，その際には，以下の各事項が総合的に勘案されることとなる。

[1] 参加者の数，市場シェア等

　参加する事業者の数，市場シェア，市場における地位等が考慮されるが，一般的に参加者の市場シェアが高く，技術開発力等の事業能力において優れた事業者が参加者に多いほど，独占禁止法上問題となる可能性は高くなり，逆に参加者の市場シェアが低く，また参加者の数が少ないほど，独占禁止法上問題となる可能性は低くなる。

　製品市場において競争関係にある事業者間で行う当該製品の改良又は代替品の開発のための共同研究開発についていえば，参加者の当該製品の市場シェアの合計が20％以下である場合には，通常は，独占禁止法上問題とならない。さらに，当該市場シェアの合計が20％を超える場合においても，これをもって直ちに問題となるというわけではなく，[1] から [4] までの事項を総合的に勘案して判断される。

○　研究開発の共同化に関連する市場としては，製品とは別に成果である技術自体が取引されるので，技術市場も考えられる。技術市場における競争制限の判断に当たっては，参加者の当該製品についての市場シェア等によるのではなく，当該技術市場において研究開発の主体が相当数存在するかどうかが基準となる。その際，技術はその移転コストが低く，国際的な取引の対象となっていることから，当該技術市場における顕在的又は潜在的な研究開発主体としては，国内事業者だけでなく，外国事業者をも考慮に入れる必要があり，通常は相当数の研究開発主体が存在することが多く，そのような場合には，独占禁止法上問題となる可能性は低い。

［2］研究の性格

　研究開発は，段階的に基礎研究，応用研究及び開発研究に類型化することができるが，この類型の差は共同研究開発が製品市場における競争に及ぼす影響が直接的なものであるか，間接的なものであるかを判断する際の要因として重要である。特定の製品開発を対象としない基礎研究について共同研究開発が行われたとしても，通常は，製品市場における競争に影響が及ぶことは少なく，独占禁止法上問題となる可能性は低い。一方，開発研究については，その成果がより直接的に製品市場に影響を及ぼすものであるので，独占禁止法上問題となる可能性が高くなる。

［3］共同化の必要性

　研究にかかるリスク又はコストが膨大であり単独で負担することが困難な場合，自己の技術的蓄積，技術開発能力等からみて他の事業者と共同で研究開発を行う必要性が大きい場合等には，研究開発の共同化は研究開発の目的を達成するために必要なものと認められ，独占禁止法上問題となる可能性は低い。

　なお，環境対策，安全対策等いわゆる外部性への対応を目的として行われる共同研究開発については，その故をもって直ちに独占禁止法上問題がないとされるものではないが，研究にかかるリスク，コスト等にかんがみて単独で行うことが困難な場合が少なくなく，そのような場合には，独占禁止法上問題となる可能性は低い。

［4］対象範囲，期間等

　共同研究開発の対象範囲，期間等についても共同研究開発が市場における競争に及ぼす影響を判断するに当たって考慮される。すなわち，対象範囲，期間等が明確に画定されている場合には，それらが必要以上に広汎に定められている場合に比して，市場における競争に及ぼす影響は小さい。

（2）なお，上記の問題が生じない場合であっても，参加者の市場シェアの合計が相当程度高く，規格の統一又は標準化につながる等の当該事業に不可欠な技術の開発を目的とする共同研究開発において，ある事業者が参加を制限され，これによってその事業活動が困難となり，市場から排除されるおそれがある場合に，例外的に研究開発の共同化が独占禁止法上問題となることがある（私的独占等）。

○　例えば，参加者の市場シェアの合計が相当程度高く，研究開発の内容等からみて成果が当該事業分野における事実上の標準化につながる可能性が高い共同研究開発については，当該研究開発を単独で実施することが困難であり，これによって生産，流通等の合理化に役立ち，需要者の利益を害さず，かつ，当該技術によらない製品に関する研究開発，生産，販売活動等の制限がない場合には，研究開発の共同化は認められる。

　この場合においても，当該共同研究開発について，ある事業者が参加を制限され，成果に関するアクセス（合理的な条件による成果の利用，成果に関する情報の取得等をいう。以下同じ。）も制限され，かつ，他の手段を見いだすことができないため，その事業活動が困難となり，市場から排除されるおそれがあるときには，独占禁止法上問題となる。

　しかしながら，参加を制限された事業者に当該共同研究開発の成果に関するアクセスが保証され，その事業活動が困難となるおそれがなければ，独占禁止法上問題とはならない。

弁護士　なお，公取委が2019年7月に公表した「業務提携に関する検討会報告書」で言及されているように，研究開発を共同で行わなくても事業目的を達成できる場合，参加者の市場シェアの合計が高いといったときには独占禁止法上問題となりうることには留意しましょう。

　　　　また，共同研究開発それ自体は独占禁止法上問題ないものであるとしても，共同研究開発に参加する事業者が，開発された技術を用いた商品の第三者への販売価格について共同で取り決めることはカルテルとして独占禁止法上問題となります。

【業務提携に関する検討会報告書】

第6　業務横断的データ連携型業務提携に関する独占禁止法上の考え方
4　業種横断的データ連携型業務提携の具体的形態に係る独占禁止法上の考え方
（総論）
（2）データ共有等を通じた集積・解析・新データ創出に係る活動提携当事者がデータを相互に若しくは一極的に共有し又は共同収集し，集積されたデータを共同して又は特定の提携当事者が解析することは，業種横断的データ連携型業務提携の中核的な活動と位置付けられるものである。提携当事者は，共有又は共同収集したデータを，共同して又は特定の提携当事者が解析することにより，技術や商品・サービスの開発・改良等に利用可能な新たなデータを創出することとなる。当該活動がデータ共有等の協業により新たな価値の開発・創出を行うものである点を踏まえれば，その評価については，基本的には共同研究開発ガイドラインの

考え方（及び別紙5−5）が参考になると考えられる。また，データの取扱いの観点からデータ検報告書の考え方も参考になる。

ア　各提携当事者がデータを共有・共同収集し，これを集積・解析することにより新たな付加価値を有するデータを創出することは，データ収集等に係るコスト軽減，リスク分散又は期間短縮やデータの相互補完等により，新技術・製品の創出等の活発化・効率化や技術革新の促進等を通じた競争促進的な効果が期待されるものであり，直ちに独占禁止法上問題となるものではない。

イ　他方，例えば，以下のような行為は独占禁止法上問題となり得る。

（ア）必要な範囲を超えたデータ共有等を通じた集積・解析・新データ創出の共同化各提携当事者が，協業せずとも事業目的を達成し得るにもかかわらず，データを共有・共同収集し，集積・解析による新たなデータ創出を共同して行うことは，当該創出データを重要な投入財として利用する技術又は商品・サービス市場において提携当事者の一部が競争関係にあり，かつ，当該競争関係にある提携当事者の当該市場でのシェアの合計が高いなどの場合には，当該技術又は商品・サービス市場における競争を実質的に制限し得る（不当な取引制限）。

技術開発カルテルが問題となった事例

（三浦）　共同研究開発に関連して，最近，欧州において技術開発カルテルが問題になったと聞きました。

（弁護士）　2021年7月，ディーゼルエンジンの排ガス浄化技術の開発について欧州委員会がカルテルを認定し，フォルクスワーゲングループなどのドイツの自動車メーカーに対して総額約8億7,500万ユーロの制裁金の支払いを命じた事案ですね。

　カルテルは，通常，価格や数量についての取決めなど，需要者（消費者）に直接影響を及ぼすものですが，この事案では，法律で定められた基準は満たしており，需要者に具体的な被害が生じているかは必ずしも明らかでない技術開発についての合意が競争法に違反すると欧州委員会が初めて判断しました。

（三浦）　具体的にどのような事案だったのでしょうか。

（弁護士）　欧州委員会は「ドイツの自動車メーカーは，より多くのAdBlueと

呼ばれる尿素水を注入すればディーゼルエンジンから排出される窒素酸
化物をより効率的に除去できることを認識し，また，法律の定めを上回
る水準で窒素酸化物を除去することが技術的にも可能であった。それに
もかかわらず，法律の定めを上回る水準で窒素酸化物を無害化できる
SCRという技術をあえて利用しないことに合意し，将来のそれぞれの市
場行動についての不確実性をなくした」と判断しています。

　　ドイツの自動車メーカーがSCR技術の採用に消極的であったのは，
ディーゼルエンジン車の価格が高くなることや尿素水を定期的に注入す
る手間を消費者から敬遠され，ガソリン車との競争が不利になることを
避けるためであったと見られています。

　　各企業がそのような判断を個々にすることは問題ないものの，共謀し
て技術開発を制限しようとしたことが競争法に違反すると判断されまし
た。

三　浦　結局，何がカルテルとされたのでしょうか。

弁護士　技術的には可能であったにもかかわらず，法律の定めを上回る水準
で窒素酸化物除去をあえて行わないことについて共謀したことがカルテ
ルとされたということです。

三　浦　先ほどの共同研究開発ガイドラインと矛盾しているようにも聞こえ
ます。

弁護士　欧州委員会のプレスリリースでは技術開発の制限にあたらない場合
として，AdBlueフィルターネックの規格化やAdBlueの品質基準につい
ての協議，AdBlue注入のためのソフトウェアプラットフォームの共同
開発など，SCR技術に関連する協力行為が挙げられています。

三　浦　競争を促進させる適法な共同研究開発と技術開発カルテルは紙一重
でもありそうです。

弁護士　本件は，2050年までにカーボンニュートラルの実現を目指すという
欧州グリーン・ディールに反するものであったことも欧州委員会の判断
に大きな影響を与えたと思われますが，共同研究開発についての合意に

とどまらず，各社独自の技術開発や商業化を制約し，また，技術開発を
制限することだけを目的としたもので，正当化される事情がなかったと
いうことでしょう。

Column
欧州におけるSustainability Agreement

　サステナビリティと競争法（独占禁止法）の関係については，欧州を中心に議論や検討が行われており，Sustainability Agreementはサステナビリティと競争法や競争政策との関係を論じる際に欧州で用いられるようになっている用語です。

　たとえば，2021年1月に公表されたオランダ競争当局のSustainability Agreementに関するガイドライン草案（第2版）では，「事業者間の協定および事業者団体の決定であって，経済活動が人間（労働条件を含む），動物，環境または自然に及ぼす悪影響の特定，防止，制限または緩和を目的とするもの」と定義されています。

　同ガイドライン草案はSustainability Agreementが競争法の適用免除を受けるために必要な要件の考え方を示しており，たとえば，①環境被害に関する合意（Environmental-damage Agreements）であり，かつ，②効率的な方法で国際基準や国内基準を遵守したり，温室効果ガス排出量の削減といった環境被害を防ぐ具体的な政策目標の実現を支援するものである場合には，需要者ではなく社会全体に対する利益の分配として，競争法の適用免除が認められるという考え方が示されています。

　イギリスでも，競争法の観点から問題のないサステナビリティについての取組みが断念されることのないよう，イギリスの競争当局は，2021年1月，競争法がSustainability Agreementにどのように適用されるかについての情報提供のガイダンスとして「Environmental sustainability agreements and competition law」を公表しています。

　また，イギリスの競争当局は，①Sustainability Agreementによって生み出された温室効果ガス排出量の削減，生物多様性の向上，廃棄物の削減といった効率性が，合意によって影響を受ける需要者だけでなく，社会全体に利益をもたらす場合に考慮されるか，また，②これらの効率性をどのように評価・測定すべきかなどを含め，国際的な議論が進んでいることも踏まえ，競争法とサステナビリティの関係について検討を進めるとしています。

② サステナビリティ・ESGとM&A

▍サステナビリティ・ESGと企業結合審査

三　浦　環境関連の技術開発コストを軽減する方法としては，共同研究開発のほかにも，M&Aが有力な手段になると思いますが，サステナビリティ・ESGは競争当局による企業結合審査においてどのように考慮されるのでしょうか。

弁護士　近時，M&Aを実施する主要な理由の１つとして，ESG要素に言及する例が増えてきていますね。

　　もっとも，企業結合審査において，環境といったサステナビリティ・ESG要素が考慮されることを明確にしている法域は少なく，たとえば，スペインでは，環境保全の要素が企業結合審査における考慮要素とされていますが，安全保障や公衆安全・公衆衛生も考慮要素とされているなど，競争法の観点からの企業結合審査とは少し状況が異なっています。

三　浦　公取委が策定している企業結合ガイドラインにも手掛かりはないのでしょうか。

弁護士　企業結合ガイドラインでは，その企業結合による「効率性」において，「企業結合後において，規模の経済性，生産設備の統合，工場の専門化，輸送費用の軽減，研究開発体制の効率化等により当事会社グループの効率性が向上することによって，当事会社グループが競争的な行動をとることが見込まれる場合には，その点も加味して競争に与える影響を判断する」とされているにとどまります。

三　浦　サステナビリティ・ESGについての議論が進んでいる欧州の状況はどうでしょうか。

弁護士　環境保護の観点を考慮して判断したと思われる事案も出てきているところではありますが，今のところ，欧州においても日本と状況は同じ

で，サステナビリティやESGが企業結合審査のなかで独立した考慮要素とされるかは今後の議論を待つ必要があります。

【企業結合審査に関する独占禁止法の運用指針（企業結合ガイドライン)】

第4　水平型企業結合による競争の実質的制限
1　基本的考え方等
（1）単独行動による競争の実質的制限
（2）協調的行動による競争の実質的制限
（3）競争を実質的に制限することとならない場合
2　単独行動による競争の実質的制限についての判断要素
（1）当事会社グループ及び競争者の地位等並びに市場における競争の状況等
（2）輸入
（3）参入
（4）隣接市場からの競争圧力
（5）需要者からの競争圧力
（6）総合的な事業能力
（7）効率性
　企業結合後において，規模の経済性，生産設備の統合，工場の専門化，輸送費用の軽減，研究開発体制の効率化等により当事会社グループの効率性が向上することによって，当事会社グループが競争的な行動をとることが見込まれる場合には，その点も加味して競争に与える影響を判断する。
　この場合における効率性については，①企業結合に固有の効果として効率性が向上するものであること，②効率性の向上が実現可能であること，③効率性の向上により需要者の厚生が増大するものであることの3つの観点から判断する。なお，独占又は独占に近い状況をもたらす企業結合を効率性が正当化することはほとんどない。
①　企業結合固有の効率性向上であること
　当該効率性の向上は，企業結合に固有の成果でなくてはならない。そのため，規模の経済性，生産設備の統合，工場の専門化，輸送費用の軽減，次世代技術・環境対応能力など研究開発の効率性等予定される効率性に関する各要因について，それが，より競争制限的とはならない他の方法によっては生じ得ないものである必要がある。
②　効率性の向上が実現可能であること

　当該効率性の向上は，実現可能なものでなくてはならない。この点については，例えば，当該企業結合を決定するに至るまでの内部手続に係る文書，予定される効率性に関する株主及び金融市場に対する説明用の資料，効率性の向上等に関する外部専門家による資料等を検討することとなる。

③　効率性の向上により需要者の厚生が増大するものであること

　当該効率性の向上により，製品・サービスの価格の低下，品質の向上，新商品の提供，次世代技術・環境対応能力など研究開発の効率化等を通じて，その成果が需要者に還元されなくてはならない。この点については，前記②に示した資料のほか，例えば，価格低下等の効果をもたらし得る能力向上に関する情報，需要・供給両面の競争圧力の下で価格低下，品質向上，新商品提供等を行ってきた実績等を検討することとなる。

（8）当事会社グループの経営状況

（9）一定の取引分野の規模

3　協調的行動による競争の実質的制限についての判断要素

（1）当事会社グループ及び競争者の地位等並びに市場における競争の状況等

（2）取引の実態等

（3）輸入，参入及び隣接市場からの競争圧力等

（4）効率性及び当事会社グループの経営状況

【著者略歴】

関本　正樹（せきもと　まさき）

2007年	東京大学法学部卒業
2008年	弁護士登録（第一東京弁護士会）
2008年	長島・大野・常松法律事務所（～2020年）
2014年	Columbia Law School修了（LL.M., Harlan Fiske Stone Scholar）
2014年	長島・大野・常松法律事務所ニューヨーク・オフィス（～2016年）
2015年	ニューヨーク州弁護士登録
2018年	株式会社東京証券取引所上場部企画グループ出向（～2020年）
2020年	東京国際法律事務所（～2021年6月）
2021年	三浦法律事務所（～現在）

対話で読み解く

サステナビリティ・ESGの法務

2022年3月25日　第1版第1刷発行

著　者	関　本　正　樹	
発行者	山　本　　継	
発行所	㈱中　央　経　済　社	
発売元	㈱中央経済グループパブリッシング	

〒101-0051　東京都千代田区神田神保町1-31-2
電話　03 (3293) 3371 (編集代表)
03 (3293) 3381 (営業代表)
https://www.chuokeizai.co.jp

© 2022
Printed in Japan

印刷／㈱堀内印刷所
製本／㈲井上製本所